AF450557

10
Editorial NUN
ANIVERSARIO

Reporte sobre la familia en México 2024

Familia y vejez: retos para el México contemporáneo

UNIVERSIDAD PONTIFICIA
DE MÉXICO

Ficha bibliográfica

Acha Alemán, M., Cecilia de Barrios, A., Diego Armida, A., Íñiguez García, J., Monteagudo Ochoa, L., Morales Peña, C., Ramírez Valencia, A., Yáñez Flores, T.

Reporte sobre la familia en México 2024. Familia y vejez: retos para el México contemporáneo

1a. edición, 2024

Versión impresa ISBN 978-607-5913-19-3
Versión digital ISBN 978-607-5913-20-9

Editorial Notas Universitarias, S. A. de C.V.
Colección Dignitas Humana

Impreso en la Ciudad de México, en noviembre de 2024

Formato: 15 × 21 cm

164 pp.

Editorial NUN

Es una marca de Editorial Notas Universitarias, S. A. de C.V.

Xocotla 17, Tlalpan, alcaldía Tlalpan, C. P. 14000, Ciudad de México

www.editorialnun.com.mx

Versión impresa ISBN 978-607-5913-19-3
Versión digital ISBN 978-607-5913-20-9

Los textos aquí presentados fueron arbitrados (doble-ciego) y dictaminados por especialistas nacionales. Posteriormente fueron revisados, corregidos y modificados por los autores antes de llegar a su versión final.

Dirección editorial y diseño de portada: Miryam D. Meza Robles
Cuidado de la edición: Felipe G. Sierra Beamonte
Corrección de estilo: Martha Patricia Martínez Galindo
Formación: Carlos Arturo Vela Turcott
Imagen de portada Shutterstock editada: 2212617371

Impreso en México

Reporte sobre la familia en México 2024

Familia y vejez: retos para el México contemporáneo

Coordinación editorial
José Guillermo Gutiérrez Fernández
Rafael de Jesús Caudillo Zambrano

Autores
Martinique Acha Alemán
Argénida Cecilia de Barrios
Andrea Diego Armida
José Luis Íñiguez García
Luis Alberto Monteagudo Ochoa
Carlos Alberto Morales Peña
Ana Ramírez Valencia
Tania Guadalupe Yáñez Flores

DIGNITAS HUMANA

El Centro de Estudios de Familia, Bioética y Sociedad (Cefabios) de la Universidad Pontificia de
México promueve y realiza investigación multidis-
ciplinaria y especializada sobre la persona y el valor de la familia en la sociedad. Cefabios responde
al llamado de llevar el Evangelio a una diversidad
de contextos culturales, fortaleciendo siempre el
vínculo entre fe y razón, ética y ciencia, individuo
y comunidad.

Director
Pbro. Guillermo Gutiérrez Fernández

Contacto
cefabios@pontificia.edu.mx

Índice

Presentación

Por tercer año consecutivo el Centro de Estudios de Familia, Bioética y Sociedad (Cefabios), de la Universidad Pontificia de México (UPM), presenta el Reporte de la familia en México, en esta ocasión titulado *Familia y vejez: retos para el México contemporáneo*. Hemos decidido enfocarnos en la situación de los adultos mayores en nuestro país por diversas razones.

1. La constante disminución de las tasas de natalidad y el mejoramiento de las curas médicas, con el consecuente alargamiento de la esperanza de vida, han provocado un creciente número de personas mayores de 60 años. En México las estadísticas nos indican que en 2030 el grupo de personas mayores llegará a representar el 15%, y en 2050 alrededor del 23 por ciento.

2. El grado de civilización de una determinada sociedad se puede medir a partir del trato que dispensa a sus miembros más vulnerables, y es innegable que los adultos mayores entran en este rango de personas. Con el constante desplazamiento de la sociedad hacia la longevidad, implica reestructuraciones profundas en toda sociedad a nivel del mercado de trabajo, de la seguridad social y de las relaciones entre los distintos grupos etarios.

3. Con la reestructuración social, también la familia ha modificado su relación con los ancianos, teniendo como una consecuencia no deseable el que cada vez exista mayor aislamiento y abandono de los adultos mayores en el seno de sus mismas familias.

4. Sin embargo, los ancianos son un elemento muy importante para la cohesión social, ya que ellos transmiten la tradición y la experiencia, ofrecen sentido de pertenencia y fortalecen los vínculos, tanto internos como externos de la familia. Además, desde su visión "completa de la vida" están en condiciones de ofrecer un sentido y un horizonte de la existencia que es necesario para la salud relacional de la familia y de las sociedades.

Por tanto, podemos afirmar que una familia y una sociedad para tener futuro necesitan de una alianza fuerte entre las generaciones. Nuestro Reporte 2024 quiere justamente aportar un análisis científico sobre la situación actual de los ancianos en México, cuál sería el horizonte deseable y qué es lo que la Iglesia católica hace y puede hacer para lograr esa alianza.

Como en los anteriores reportes, el presente trabajo se basa en un análisis de los datos cuantitativos que nos permiten hacer observaciones basadas en fenómenos objetivos. En general, comprender e interpretar datos relevantes respecto a la economía, la educación, la salud y la participación de los adultos mayores en la sociedad, nos ha permitido orientar distintas líneas de interpretación y respuesta esperanzada en torno a decisiones importantes que se pueden tomar en los diferentes ámbitos humanos. En concreto, partiendo del trabajo de los analistas cuantitativos, este reporte pretende ser una panorámica sintética de tinte antropológico que detone reflexiones relevantes para gestar iniciativas personales, familiares, sociales y políticas.

Precisamente por esta razón, Ana Ramírez Valencia se ha ocupado en el capítulo introductorio de presentar en números la situación de los ancianos en México, a partir del análisis de los datos cuantitativos de fuentes autorizadas, que irán apareciendo en toda la investigación. Con esta base veamos ahora algunos de nuestros principales hallazgos.

Vejez y economía en México

El estudio de Carlos Morales nos plantea la cuestión de si las pensiones que tienen actualmente los adultos mayores cumplen realmente con brindar seguridad económica como una justa retribución por los años trabajados. "Para el grueso de la población, sólo el acceso al trabajo con salarios dignos es lo que permite poder tener seguridad en los ingresos llegada la fecha de retiro sobre la base de un seguro obligatorio". A este respecto hay que recordar que "las pensiones no son un ahorro exclusivo del trabajador, sino que éste es un compromiso colectivo solidario, ya que el dinero cobrado al momento del retiro es lo que le permitirá subsistir los próximos años de vida".

Para comprender mejor la situación se ha de tener en cuenta que

a mediados del siglo pasado, quienes tuvieron la posibilidad de tener escolaridad media o superior, pudieron encontrar empleos dentro del sector público o empresarial. Mientras que las personas del campo al no estar subordinadas a ninguna empresa o patrón que pudiera hacer las contribuciones, quedaron incorporadas a la seguridad social contributiva. La actividad agropecuaria era la principal actividad económica del país en los años cincuenta y representaba un 58.4% pero con el pasar de los años esta actividad tuvo una baja considerable. La afiliación al Seguro Social en aquel entonces no superó el 35% de quienes estaban inscritos y podrían llegar a tener un fondo para el retiro.

Por otro lado, según los datos que nos ofrece el Consejo Nacional de Evaluación de la Política de Desarrollo Social (Coneval 2020), los ingresos de las personas de la tercera edad se estiman de la siguiente manera: 55.7% contaba con ingresos de pensiones no contributivas y el promedio recibido era de 1 292 pesos mensuales por persona. Un sector más pequeño de la población de la tercera edad, el 9.8%, recibía remuneraciones por trabajo subordinado promedio de 6 990 pesos mensuales por persona. De otra parte, un tercio de los adultos mayores contaba con acceso a transferencias por pensión contributiva, las cuales daban un promedio de 7 362 pesos mensuales. De ahí que

> según las estimaciones del Coneval, el 42.9% de los adultos mayores recibía ingresos inferiores a la línea de pobreza mientras que el 34.4% se encontraba en situación de pobreza. Esto se traduce en que para muchos adultos mayores el ingreso recibido por el gobierno es su único ingreso económico. [Además] muchas de las personas de la tercera edad que viven en situación de pobreza se ven orilladas a buscar trabajo para sostenerse, afectando a 3.5 millones de personas. Muchos de los empleos ofrecidos son en condiciones precarias, con sueldos muy bajos y nulas prestaciones o servicios de seguridad social.

Hemos de reconocer que "respecto a las pensiones, hay que considerar que la cobertura por parte del Estado ha ido cada vez más en aumento en los últimos años. La cobertura de pensiones ha sido de ayuda para combatir a la pobreza, reduciendo el porcentaje de un 42 al 28% en los últimos años". Además, la reforma que tuvo lugar en la administración de 2018-2024, sobre los fondos para pensiones, fue positiva ya que obliga a que las próximas administraciones consideren un presupuesto destinado a pensiones no menor al del año anterior. Sin embargo, la proyección de pensiones y jubilaciones dignas en las próximas décadas será un problema debido a varios factores, entre ellos, la baja tasa de natalidad, la alta tasa de empleo informal (55%) y las pocas o nulas posibilidades de acceder a un empleo con prestaciones mínimas para tener acceso a una pensión en el futuro.

Envejecimiento saludable

Tania Yáñez en su investigación muestra el incremento que ha sufrido la carencia de acceso a la salud a nivel nacional, ya que del total de la población

> el porcentaje de personas que no contaron con acceso a estos servicios pasó de 28.2 a 39.1% entre 2020 y 2022 respectivamente. Eso significa que entre esos dos años hubo un aumento en el número de personas que no contaron con servicios de salud, se pasó de 35.7 a 50.4 millones de personas con esta carencia. En los dos años posteriores a la pandemia de covid-19, 14.7 millones de personas más reportaron no estar afiliadas, inscritas o no tener derecho a recibir servicios de salud en una institución pública o privada. Lo que significa que entre 2018 y 2022, el porcentaje de la población que carece de acceso a servicios de salud aumentó más del doble.

Además destaca que en los datos recogidos en esta medición, se nota una relación proporcional entre el tamaño de los ingresos que percibe cada persona y el acceso a servicios de salud. Puesto que las personas con menores ingresos reportaron una mayor incidencia en la carencia por acceso a los servicios de salud.

Igualmente comprueba que hay una disparidad en las condiciones de atención médica entre las zonas rurales y urbanas.

Por otra parte, llama la atención de que el alargamiento de la esperanza de vida no comporta una mayor calidad de vida, dado que las mujeres viven más tiempo pero lo hacen en condiciones precarias:

en la mayoría de los casos deben enfrentar solas, como viudas, y muchas veces teniendo familiares a su cargo.

Educación y vejez

Entre otros importantes aportes, el estudio de Andrea Diego nos muestra que en las sociedades tecnoestructuradas se hace cada vez más urgente, particularmente en los países en vías de desarrollo, como el nuestro, lograr que la gran mayoría de las personas de la tercera edad dejen de ser víctimas del aislamiento y del abandono, dado que no poseen las bases para sumarse a la ola de digitalización. "Por un lado, resulta urgente, a nivel de políticas públicas, priorizar la calidad educativa de tal modo que sea cada vez más la población mexicana que alcanza los niveles de educación superior. Además, es necesario elevar la calidad educativa en tanto a los resultados que obtienen los estudiantes incorporados a la Secretaría de Educación Pública (SEP) en evaluaciones internacionales estandarizadas".

Propone que el hecho de que una persona deje de formar parte del aparato productivo o de tener una vida profesional activa, no signifique dejar de formar parte de la sociedad; hay que sumar esfuerzos no sólo para elevar el nivel educativo, sino también para que la productividad no sea el único factor que intervenga en la posibilidad de participar de la comunidad. Y señala algunos factores relevantes que pueden detener el deterioro cognitivo de una persona, primordialmente el hecho de que existan dentro de las familias y las comunidades actividades recreativas y lúdicas. Además, de una sana convivencia en la que se revaloren las experiencias pasadas, la sabiduría y todo lo que los adultos mayores son muy capaces de aportar.

Esto implica un empeño por parte de las comunidades y de la familia para integrar al anciano, fomentando una sana comunicación de experiencias mediante el juego, los paseos y, en general, a través de la participación en la vida cultural que recrea a la persona, poniendo al centro el valor de la sabiduría propia de quien ha vivido muchos años.

Integración social de la vejez

Muy relevante resulta para este informe la valiosa reflexión antropológica del doctor Monteagudo y de Martinique Acha, quienes nos hacen ver que no es suficiente una mera revisión estadística y sociológica de la situación de marginación del anciano en México. Es necesario realizar un análisis más profundo sobre el *significado del envejecimiento*, es decir, comprender el imaginario social del anciano en nuestro país, que sufre de manera general condiciones de exclusión y marginación.

En nuestra cultura, regida por criterios de productividad y eficiencia, los ancianos son considerados *material de descarte*. De manera sistemática son excluidos, aislados y marginados de la vida social, pues la vejez es definida como un estado de dependencia e incapacidad, que progresivamente pierde su valor social, económico y cultural –una visión que muchas veces es compartida por los ancianos mismos–. Por eso una de las características más destacadas del envejecimiento en las sociedades modernas es el aislamiento emocional y la exclusión social.

En este proceso de marginación de los ancianos, lo que está en juego para nuestra cultura es, sobre todo, la *unidad de las edades de la vida*, es decir, la posibilidad de captar el sentido de la vida en su totalidad –algo que sólo la alianza entre las generaciones es capaz de devolver al hombre contemporáneo–. La noción de vulnerabilidad se vuelve clave para el desarrollo de un auténtico humanismo: es urgente reconocer que, si bien la vejez está determinada por la dependencia y la vulnerabilidad, esto no significa que el anciano sea incapaz e inútil.

Más aún, necesitamos reconocer que el ser humano es intrínsecamente limitado, imperfecto y frágil. La vulnerabilidad nos brinda una perspectiva antropológica distinta a la de la filosofía individualista y utilitarista imperante en la cultura contemporánea. Bajo esta perspectiva, podemos reconocer que ser hombre implica de por sí ser frágil y vulnerable: el anciano, entonces, deja de ser definido como alguien incapaz e inútil, y se muestra como uno de nosotros.

Descartar = *exiliar de la vida social a los ancianos, o bien, aprovecharlos según los intereses del gobierno en turno para su manutención en el poder*. El descartamiento implica hacer a un lado a "algo" o "alguien" que represente una carga o, como dirá Norbert Elías, una encarnación de todo lo que no quiere un mundo materialista que contribuya a la realización de sus ideales de juventud y productividad económica. Sin embargo, esta noción que nos remite a la conservación de poder tiene otro matiz: *la capitalización de la vulnerabilidad*: aprovechándose de las condiciones físicas y las carencias ya referidas, una gran parte de la población anciana del país se ha convertido en elemento de movilización captado por el gobernante.

Actualmente, México ostenta el mayor rezago de la historia del país en algo tan básico para la población anciana como en la asistencia médica. Según datos del Coneval, la asistencia médica pasó de una carencia del 15.6 en 2016 al 39.1% en 2022. Conjunta al dato sobre el rezago educativo (18.5 en 2016 a 19.4% en 2022), asistencia médica y educación conforman los dos rubros que más han incrementado la desigualdad. El programa gubernamental de atención a los ancianos, limitado a depósitos en efectivo, ha tenido un éxito rotundo en una población que se ha entregado de forma muy amplia como clientela de un gobierno que no les ofrecerá asistencia médica, un sistema de transporte digno, un sistema de cuidado integral físico y emocional, y que ha eliminado los apoyos para el mantenimiento de estancias infantiles, en las que las madres trabajadoras podían dejar a sus hijos mientras laboraban.

Evidentemente, las políticas con enfoque de derechos promueven una mejor solución a los problemas sociales. En el caso de la vejez y de los adultos mayores, la perspectiva de un *envejecimiento activo y saludable* es un enfoque mucho más positivo cuando se pretenden erradicar las condiciones de marginación, exclusión, pobreza y desigualdad que sufren los ancianos en nuestro país. Sin embargo, la doctora Paola Carmina Gutiérrez Cuéllar, investigadora del Instituto de Investigaciones Sociológicas de la Universidad Nacional Autónoma de México (UNAM), denuncia que, a excepción del Programa de Pensión Alimentaria, las acciones institucionales que opera el gobierno de México en función de los adultos mayores, aunque promueven una visión del envejecimiento activo y de los derechos de las personas mayores como temas relevantes, tienen poco sustento y se encuentran desvinculadas y carentes de procesos de seguimiento y evaluación.

Vemos así que, en la práctica, los programas y las políticas públicas de atención a las personas mayores promueven un enfoque de tipo asistencialista, en el que se presta una atención superficial al problema, pues no hay un diagnóstico ni una planificación adecuada para proponer acciones específicas que contribuyan al ejercicio del envejecimiento activo. En este sentido, la visión de la acción pública reduce el problema de la vejez a la pobreza, las enfermedades y la malnutrición. Faltan acciones institucionales que promuevan una mayor actividad e inclusión social para las personas ancianas. Lo que permite concluir que el envejecimiento activo y saludable, al menos en el diseño de la operación de todos los programas gubernamentales vistos en conjunto, permanece a la fecha como un concepto ineficiente.

La aportación y las tareas pendientes de la Iglesia

José Luis Íñiguez nos recuerda que tanto la Sagrada Escritura como la tradición y la enseñanza constante de la Iglesia aportan una importante reflexión antropológica, teológica, espiritual y moral sobre la vida y dignidad de las personas adultas en plenitud. La Iglesia ha desarrollado una importante contribución a la reflexión sobre los desafíos de la tercera edad en el mundo contemporáneo a partir de la enseñanza de los pontífices, destacándose los tres últimos, y de modo totalmente significativo el del pontífice actual que instituyó la Jornada Mundial de los Ancianos, recordando proféticamente el deber de incluir y valorar a los ancianos frente a la dominante cultura del descarte y a desarrollar una alianza entre las generaciones, como condición de futuro.

A estas enseñanzas ha correspondido el desarrollo de múltiples iniciativas en el seno de la comunidad cristiana: centros de convivencia, grupos de espiritualidad y desarrollo personal de adultos en plenitud, paseos y actividades recreativas y culturales, entre otras. En nuestro Reporte 2024 nos hemos fijado en dos ejemplos de lo mucho que se hace en todas partes, en las arquidiócesis de Guadalajara y de México-Tenochtitlan. También hemos presentado ese bagaje de reflexión sapiencial de los tres últimos pontífices, que permiten iluminar el contenido de todo el Reporte insistiendo en la visión esperanzadora que hemos querido hasta hoy imprimir a nuestros trabajos.

El Reporte 2024 incorpora, como novedad, un anexo que hemos recibido de Panamá: "Revisión del informe nacional sobre la aplicación del plan internacional de Madrid sobre el envejecimiento, Panamá 2021". Este documento fue elaborado por la doctora Argenida de Barrios y su equipo de la Universidad de la Tercera Edad, de la Universidad Santa María La Antigua de la ciudad de Panamá, y es parte introductoria de un estudio que están llevando a cabo en esa nación. Esto nos permite comprobar que la problemática inherente al envejecimiento de la población y las dinámicas sociales que comporta son preocupaciones no sólo mexicanas, sino latinoamericanas y mundiales.

El Cefabios, como parte del Family Global Compact, de la Red Latinoamericana de Institutos Universitarios de Familia (Redifam) y de la Red Mundial de Institutos Universitarios de Familia (Rediuf), quiere continuar sumándose al esfuerzo académico solidario que se hace eco de las preocupaciones de los distintos países y de la solicitud pastoral del papa Francisco, por encontrar soluciones informadas, integrales y humanistas que nos permitan mirar al futuro con esperanza.

No me resta sino agradecer a cada uno de los investigadores del Cefabios que generosamente han aportado su pasión y su *expertise* en este informe, la invaluable asistencia del doctor Fernando Pliego Carrasco, del Instituto de Investigaciones Sociales de la UNAM, y el acompañamiento de la maestra Sara Karina Negrete Viveros, a través del seminario "Metodología e integración de datos, para la investigación cuantitativa".

El camino del Reporte 2024 llega a su fin cuando el coordinador del Observatorio Nacional de la Familia, doctor Luis Alberto Monteagudo Ochoa, ha dejado de colaborar con el Cefabios y la Universidad Pontificia de México, para continuar su carrera académica en nuestra máxima casa de estudios, la UNAM. Agradecemos pues su valiosa colaboración para este trabajo.

Por último, agradecemos a la Editorial NUN, el siempre eficaz apoyo para la publicación de este informe.

Dr. José Guillermo Gutiérrez Fernández, Pbro.
Director del Centro de Estudios de Familia, Bioética y Sociedad
Universidad Pontificia de México

I
México y sus (nuestros) adultos mayores, en números

Ana Ramírez Valencia

Envejecer es un proceso sin retroceso. Pero, ¿cuándo inicia? El ser humano ha asignado categorías e intervalos para estudiar las distintas etapas de la vida. Algunas veces, por cambios biológicos contundentes, otras por criterios un tanto cuestionables. Conocemos el intervalo promedio cuando los niños entran a la pubertad y luego a la adolescencia; sabemos también la edad de mayor fertilidad de las mujeres. Todo ello es parte del ciclo natural de la vida: nacer, crecer, reproducirse… y, ¿morir? Pareciese, para algunos, que entrar a la vejez es sinónimo de una sentencia –saber que se llega al fin del ciclo de la vida–, una condena que formal –o legalmente– iniciaría a los 60 años. Al menos en México se considera a las personas adultas mayores a aquellas de 60 años o más.

En las últimas décadas la estructura demográfica de México ha experimentado cambios significativos, destacando el creciente número de personas de la tercera edad. Este fenómeno demográfico plantea importantes desafíos y oportunidades para la sociedad. En este primer apartado presentamos un análisis detallado de la demografía de las personas de la tercera edad en México, a fin de proporcionar una visión integral de la distribución, características y tendencias de esta población, utilizando datos recientes y relevantes para comprender mejor su situación actual y futura.

Comencemos con las estadísticas. México es el décimo país más poblado del mundo, con aproximadamente 129 millones de personas. Según el Censo de Población y Vivienda del Instituto Nacional de Estadística y Geografía (Inegi) de 2020,[1] la población de adultos mayores de 60 años o más representaba aproximadamente el 12.4%

Gráfica 1.1. Pirámide poblacional 2020
(porcentaje)

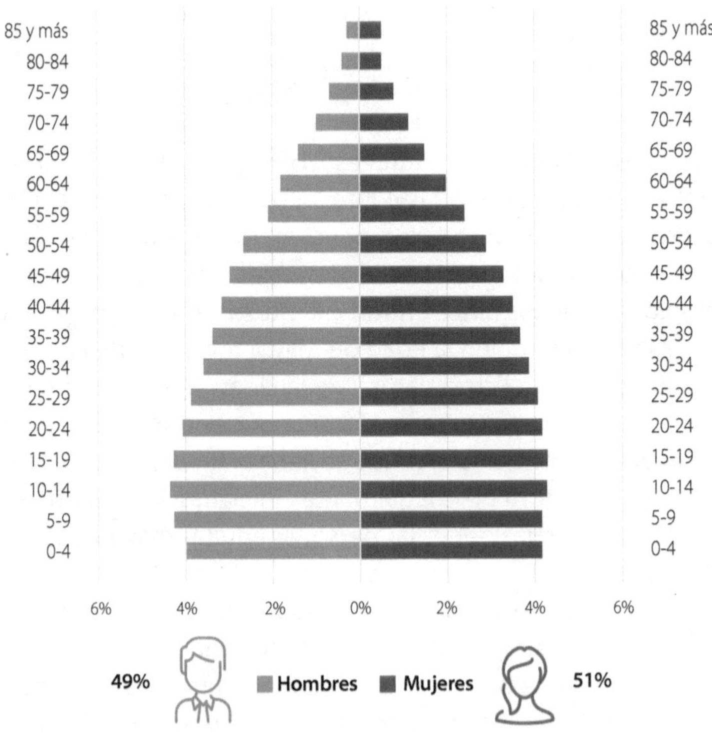

Fuente: Inegi, Encuesta Nacional para el Sistema de Cuidados (Enasic) 2022, Comunicado de prensa, núm. 578/23, 3 de octubre de 2023.

---

[1] Inegi, Censo de Población y Vivienda 2020, México, Instituto Nacional de Estadística y Geografía, 2020. Disponible en <Censo de Población y Vivienda 2020 (inegi.org.mx)>.

del total de la población.[2] Los números cambian y se van actualizando; para el segundo trimestre de 2022 se estimó que en México residían 17 958 707 personas de 60 años y más.[3] Lo anterior representa 14% de la población del país.

En cuanto a la distribución por género, las estadísticas indican que hay más mujeres que hombres en la población de adultos mayores en México, con una proporción de aproximadamente 54% mujeres y 46% hombres. Esta disparidad de sexo tiene implicaciones importantes en términos de necesidades y obstáculos específicos para cada grupo, por lo cual es importante seguir contando con estadísticas que hagan dicha distinción.

1.1. Esperanza de vida

La esperanza de vida es un indicador demográfico que muestra cuántos años, en promedio, se espera que viva una persona desde su nacimiento. Según datos del Consejo Nacional de Población (Conapo), en 2010 la esperanza de vida promedio en México era de 74.3 años. En 2020 se observó una baja puntual por la pandemia derivada de la covid-19. Para 2024 este indicador subió a 75.5 años. En México dicho indicador ha experimentado un aumento considerable a lo largo de las décadas.

Es posible observar variaciones significativas por entidad. Los estados con mayor esperanza de vida en 2024 son Nuevo León (77.7 años) y Baja California Sur (77.2 años). En contraste, las entidades con la esperanza de vida más baja incluyen Chiapas (73 años), Guerrero

---

[2] Inegi, Encuesta Nacional para el Sistema de Cuidados (Enasic) 2022, Comunicado de prensa, 578/23, 3 de octubre de 2023. Disponible en <https://www.inegi.org.mx/contenidos/saladeprensa/boletines/2023/ENASIC/ENASIC_23.pdf>.

[3] Inegi, Estadísticas a propósito del Día Internacional de las Personas de Edad (Adultos Mayores. Datos nacionales, México, Instituto Nacional de Estadística y Geografía, 2022. Disponible en <https://www.inegi.org.mx/contenidos/saladeprensa/aproposito/2022/EAP_ADULMAY2022.pdf>. De acuerdo con la información del primer trimestre de 2023 presentado en la Encuesta Nacional de Ocupación y Empleo (ENOE).

(73.1 años) y Oaxaca (73.1 años). Estas diferencias se deben a las barreras de acceso a servicios de salud de calidad, desigualdades socioeconómicas o a la violencia e inseguridad, por mencionar algunos de los factores que derivan en condiciones de vida desfavorables.

Las personas están viviendo más tiempo que nunca, y esto tiene implicaciones que van más allá de lo biológico, abarcando aspectos sociales, políticos, culturales, jurídicos y relacionales.

1.2. Habitando el país

Como podría inferirse, los estados más poblados del país albergan la mayor cantidad de personas adultas mayores en el rango de 60 a 100 años y más: Estado de México, Ciudad de México y Veracruz. De la misma manera, las entidades con menor población tienen, en proporción, un menor número de personas mayores habitando su territorio: Baja California, Campeche y Colima. No obstante, Quintana Roo es el segundo estado con menor población en los rangos de 80-84 años, y de 90-100 años y más. Finalmente, Aguascalientes también desplaza a Campeche y Colima colocándose como el tercer estado con menor población de 100 años y más después de Baja California Sur y Quintana Roo.

Tabla 1.1. Esperanza de vida por entidad federativa,
serie anual de 2010 a 2024

Entidad federativa	2010	2020	2024
Estados Unidos Mexicanos	74.3	68.9	75.5
Aguascalientes	75.7	70.1	76.8
Baja California	75.0	68.9	76.6
Baja California Sur	76.2	72.5	77.2
Campeche	74.4	68.0	74.5
Coahuila	76.5	69.9	77.1
Colima	75.5	72.1	76.2
Chiapas	72.0	67.9	73.0
Chihuahua	75.2	69.5	76.6

Entidad federativa	2010	2020	2024
Ciudad de México	76.3	69.2	76.8
Durango	74.1	69.8	75.5
Guanajuato	73.9	68.3	74.9
Guerrero	72.3	69.1	73.1
Hidalgo	73.4	68.2	73.9
Jalisco	74.8	71.2	76.0
México	74.3	66.7	75.1
Michoacán	73.1	69.4	74.1
Morelos	73.9	68.4	74.3
Nayarit	74.4	71.6	75.6
Nuevo León	77.4	71.6	77.7
Oaxaca	72.7	68.8	73.3
Puebla	73.0	67.3	73.9
Querétaro	74.7	70.4	76.3
Quintana Roo	75.1	68.6	76.0
San Luis Potosí	74.2	68.4	75.3
Sinaloa	74.7	70.2	76.1
Sonora	75.6	69.9	76.8
Tabasco	72.9	67.0	73.8
Tamaulipas	75.1	70.5	75.9
Tlaxcala	73.2	65.2	74.2
Veracruz	73.4	69.3	73.7
Yucatán	74.2	70.7	75.0
Zacatecas	73.4	67.7	74.4

Fuente: Inegi, Esperanza de vida al nacimiento por entidad federativa según sexo, serie anual de 2010 a 2024, México, Instituto Nacional de Estadística y Geografía, 2020. Disponible en <https://www.inegi.org.mx/app/tabulados/interactivos/?pxq=Mortalidad_Mortalidad_09_61312f04-e039-4659-8095-0ce2cd284415>.

Al momento de considerar el diseño de políticas públicas para la atención de este sector de la población, no es suficiente con saber cuántos y dónde habitan, pues no sólo el número condicionará los recursos para la atención que deba recibir. Pongamos un ejemplo: una adulta mayor de 65 años requiere un estudio ginecológico. Una mujer que radica en la urbe podrá encontrar mejores servicios de salud –o al menos una mayor oferta pública y privada–, así como mejores equipamiento y especialistas. Para desplazarse podrá contar con una red mejor interconectada o incluso optar por transporte privado –propio o alquilado– y, en promedio, el tiempo de desplazamiento será considerablemente razonable.

En contraste, en zonas rurales una mujer con las mismas necesidades de atención se encontrará con mayores obstáculos, desde tener que desplazarse a otras comunidades para encontrar un servicio lo más similar posible, con menor oferta en el transporte y destinando mayor tiempo en el traslado. A ello habrá que sumar factores culturales como la resistencia a las revisiones ginecológicas o incluso el idioma, así como condiciones de inseguridad que experimentan las zonas más alejadas. Es aquí cuando cobra relevancia el uso de diagnósticos que consideren las necesidades de las personas y no de los grupos poblacionales como un todo homogéneo.

Dicho de otra manera, es importante distinguir que en cada estado existe una situación distinta respecto a la cantidad, sexo, y tipo de área en la que radican. Algunas entidades con una población menor de adultos mayores suelen ser aquellas con una proporción más grande de zonas rurales y semirrurales como Oaxaca, Chiapas y Guerrero. En comparación con las áreas urbanas, a menudo tienen una infraestructura de salud menos desarrollada.

1.3. Situación conyugal

Los datos de la Encuesta Nacional de Ocupación y Empleo (ENOE) 2023[4] muestran que las personas de 60 años y más se encuentran casadas (52.6%), viudas (23.2%), solteras (9%), unión libre (7.3%), separadas (5.3%) y divorciadas (2.6%). Si bien la mayoría de las personas adultas mayores se encuentran mayoritariamente casadas, es posible advertir que es este bloque de población el que más ha perdido a su pareja,

---

4   Inegi, Encuesta Nacional de Ocupación y Empleo (ENOE), México, Instituto Nacional de Estadística y Geografía, 2023. Disponible en <https://www.inegi.org.mx/programas/enoe/15ymas/>.

y el dato es distinto según el sexo. Para visibilizar eso se conmemora, por ejemplo, el Día Internacional de las Viudas cada 23 de junio. ¿Sabías que en México el 34% de las mujeres mayores de 60 años son viudas, frente al 13% de hombres de la misma edad?

Tabla 1.2. Personas de 15 años y más por grandes grupos
de edad según situación conyugal, 2023
(distribución porcentual)

Grupos de edad	Total	Soltera	Casada	Unión libre	Separada	Divorciada	Viuda
Total	100.0	33.1	38.9	17.8	4.4	19	5.9
15 a 29 años	100.0	72.7	8.2	17.0	1.7	0.2	0.1
30 a 59 años	100.0	17.9	48.5	22.5	5.8	2.6	2.7
60 años y más	100.0	9.0	52.6	7.3	5.3	2.6	23.2

Fuente: Elaboración propia a partir de Inegi. ENOE, tercer trimestre 2023.

1.4. Participación e inclusión social

Parte fundamental para el pleno ejercicio de los derechos de todas las personas radica en que el Estado proporcione un andamiaje jurídico que asegure la protección de los derechos humanos, igualdad ante la ley y el acceso equitativo a la justicia.

En 2002 se expidió la Ley de los Derechos de las Personas Adultas Mayores que establece una serie de disposiciones destinadas a garantizar el respeto a su dignidad, autonomía, igualdad, inclusión, una vida libre de violencia y participación activa en la sociedad.

Un elemento a destacar en dicha ley es que considera como parte de sus necesidades las físicas, materiales, biológicas, emocionales, sociales, laborales, culturales, recreativas, productivas y espirituales[5] de

---

[5]   Cámara de Diputados del H. Congreso de la Unión, Ley de los Derechos de las Personas Adultas Mayores, *Diario Oficial de la Federación*, 25 de junio de 2002. Disponible en <https://www.diputados.gob.mx/LeyesBiblio/pdf/LDPAM.pdf>.

las personas adultas mayores, reconociendo que no basta la plena satisfacción de las necesidades físicas (salud) o materiales y laborales (económicas), sino aquellas que también contribuyen a la plena realización de la persona y de su búsqueda de la verdad y la felicidad.

1.5. Discriminación y exclusión

Las prácticas discriminatorias pueden ir desde un trato humillante, de desprecio o abandono, hasta la exclusión e incluso la violencia. Lamentablemente somos testigos y a veces participantes de la llamada *cultura del descarte* en la cual se prima un sistema que pone por encima el consumo y el interés capital antes que a la dignidad de la persona.

La discriminación hacia los adultos mayores, también conocida como "edadismo"; es un término acuñado en 1975 por Robert Neil Butler, pionero en el estudio del envejecimiento, autor del libro *Why Survive? Being Old in America*, que define edadismo como estereotipos sistemáticos y discriminación contra las personas *por ser mayores*.[6] Este concepto abrió un importante debate sobre cómo la sociedad percibe y trata a las personas mayores.

Con el aumento de la esperanza de vida y el debate entre psiquiatras y gerontólogos surge el término "cuarta edad", utilizado para describir una nueva franja demográfica que comienza a partir de los 80 años.[7] Esta categoría se distingue de la tercera edad por presentar un alto nivel de dependencia, disminución de capacidades y necesidad de cuidados intensivos. El concepto puede ayudarnos a alejarnos de la representación del imaginario colectivo de la tercera edad como un momento ineludible y casi automático de dependencia e inutilidad, y

---

[6] R. M. Henig, "Why Survive?", *The New York Times*, 14 de septiembre de 1975. Disponible en: <https://www.nytimes.com/1975/09/14/archives/why-survive-dont-give-upon-an-aging-parent-the-best-years-of-your.html>.

[7] M. J. Oddone y P. Pochintesta, "La cuarta edad: la fragilidad en cuestión…", *Teseo Press*, 30 de mayo de 2019. Disponible en <https://www.teseopress.com/sociologiadelasedades/chapter/la-cuarta-edad-la-fragilidad-en-cuestion/>.

permite un abordaje matizado y específico de las necesidades y realidades de las personas mayores en esta etapa de la vida.[8] Dicho de otro modo, las personas que alcanzan la tercera edad, es decir, la franja de edad de los 60 años, aunque pueden experimentar algunos cambios físicos y de salud, mantienen un nivel considerable de independencia y actividad. A medida en que nos alejemos de los estereotipos dañinos podremos combatir la discriminación y el maltrato.

Como acertadamente se señala en la Encuesta Nacional sobre Discriminación (Enadis) 2022: "Las personas adultas mayores son sometidas a discriminaciones por los estigmas y prejuicios negativos asociados a la edad. Estos disminuyen su autonomía, su salud, inclusión y participación activa en todas las esferas de la sociedad".[9] Un ejemplo claro de este tipo de conductas y dinámicas discriminatorias que sufren las personas mayores (e incluso de mediana edad) son las convocatorias de empleo con límites de edad, en muchos casos, sin justificación alguna. Esto no es un problema menor. Siguiendo con datos de la encuesta antes mencionada, en 2022 el 36.3% de esta población declaró que el principal problema al que se enfrentan es que su pensión no alcanza para cubrir sus necesidades básicas, seguido por la falta de oportunidades para encontrar trabajo, con un 20.9%. Sumado a los problemas económicos, salta el maltrato, el abandono, la falta de acceso a servicios de salud y la violencia patrimonial. No basta con tener salud si la discriminación los empuja hacia afuera.

---

[8] P. Higgs y C. Guillerad, "The ideology of ageism *versus* the social imaginary of the fourth age: two differing approaches to the negative contexts of old age", *Ageing & Society*, 39, 6 de marzo de 2019, pp. 1207-1225. Disponible en <https://www.cambridge.org/core/journals/ageing-and-society/article/ideology-of-ageism-versus-the-social-imaginary-of-the-fourth-age-two-differing-approaches-to-the-negative-contexts-of-old-age/4913128B8E1378A3A61-8E9C72B31F67F>.

[9] Inegi, Encuesta Nacional sobre Discriminación (Enadis). Marco conceptual, México, Instituto Nacional de Estadística y Geografía, 2022. Disponible en <https://www.inegi.org.mx/contenidos/productos/prod_serv/contenidos/espanol/bvinegi/productos/nueva_estruc/889463910480.pdf>.

Gráfica 1.2. Población de 60 años y más según problemática
declarada a la que se enfrentan como grupo

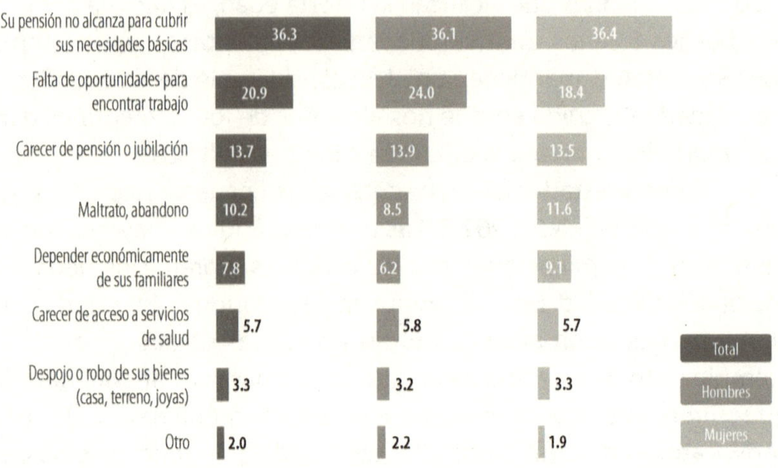

Fuente: Inegi, *Encuesta Nacional sobre Discriminación (Enadis). Marco conceptual*, 2022.

Respecto a los estigmas sociales y prejuicios, los datos arrojan que la población de 60 años y más estuvo de acuerdo en que a las personas mayores les cuesta trabajo utilizar la tecnología. Esto se agrava aún más en las comunidades rurales donde no hay internet, incrementando la brecha de desigualdad. Para este grupo el uso del internet, por ejemplo, puede resultar benéfico, pues les permite disminuir las distancias y mantener un mayor contacto con amigos y familiares. No obstante, los adultos mayores pueden enfrentar varios peligros al utilizar internet, especialmente si no tienen la capacitación adecuada o no están familiarizados con las medidas de seguridad. La encuesta revela que el 77.4% estuvo de acuerdo en que la mayoría de la gente se desespera fácilmente con las personas mayores, por lo que puede ser una barrera para pedir ayuda para aprender a usar sus dispositivos.

Lamentablemente hoy en día un tercio de los individuos que presentan quejas en la Comisión Nacional para la Protección y Defensa de los Usuarios de Servicios Financieros (Condusef) por daños a su patrimonio son los adultos mayores,[10] quienes son víctimas de fraudes en línea, robo de identidad, robo de plásticos o clonación y desinformación.

Una de las realidades que viven las personas mayores es el estar solas en casa, ya sea por la cultura del descarte, o por un deseo legítimo de buscar el descanso. No obstante, toda persona, en mayor o menor grado, requiere de una red de apoyo que esté disponible para cuidar y acompañar. La Encuesta Nacional para el Sistema de Cuidados (Enasic) 2022 comparte que, dentro de las principales necesidades de cuidado de este grupo de edad, casi la mitad (51.2%) requería compañía; y que le acompañen al médico, le den medicamentos o atiendan sus necesidades de salud cuando sea necesario (48.3 por ciento).[11]

Gráfica 1.3. Personas de 60 años y más que viven solas
por tipo de cuidados requeridos, según sexo
(porcentaje)

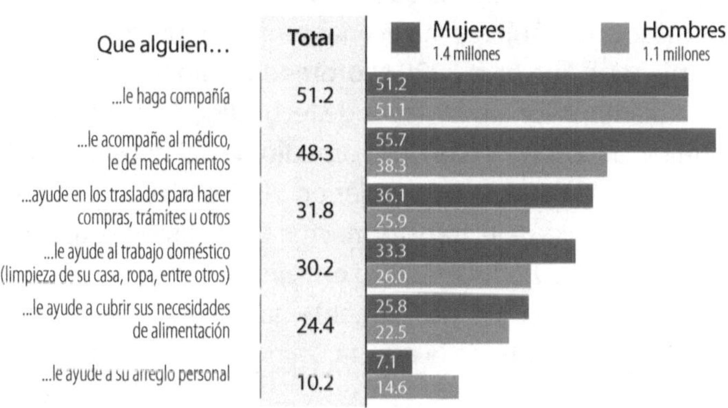

Fuente: Inegi, Encuesta Nacional para el Sistema de Cuidados (Enasic) 2022, Comunicado de prensa, núm. 578/23, 3 de octubre de 2023.

---

[10] Condusef, A propósito del Día Nacional de las Personas Adultas Mayores, México, Comisión Nacional para la Protección y Defensa de los Usuarios de Servicios Financieros, 2024. Disponible en <https://www.condusef.gob.mx/?p=contenido&idc=1117&idcat=1>. Consultado el 17 de junio de 2024.

[11] Inegi, Encuesta Nacional para el Sistema de Cuidados (Enasic) 2022, Comunicado de prensa, núm. 578/23, 3 de octubre de 2023.

1.6. Más años de vida, menos nacimientos

Las personas envejecen, pero, ¿esto significa que una sociedad envejezca? Para hablar de ello nos remitiremos al concepto de envejecimiento poblacional que refiere al aumento de la proporción de personas de adultos mayores en una población. Según la Organización Mundial de la Salud (OMS), este fenómeno ocurre debido a la disminución continua de las tasas de fertilidad y al aumento de la esperanza de vida. Vivimos más, pero nacen cada vez menos niños. En general –con excepción de algunos países y culturas muy puntuales– este fenómeno se observa en todo el mundo.

La Organización de las Naciones Unidas (ONU), en su estudio Perspectivas de Población Mundial 2022, estima que el nivel mundial de fecundidad disminuirá de 2.3 niños por mujer en 2021 a 2.1 en 2050. Sumado a ello se proyecta que la esperanza de vida al nacer aumentará de 72.8 años en 2019 a 77.2 en 2050 a nivel mundial.[12]

Por otro lado, las mujeres mexicanas tenían en promedio 2.3 hijos en 2010, mientras que para 2020 el promedio bajó a 2.1 hijos nacidos vivos.[13] La disminución en las tasas de fecundidad en la región de América Latina y el Caribe, desde un promedio de 5.5 hijos por mujer en 1965-1970 hasta 2.05 hijos por mujer en 2015-2020, se considera la principal característica de la transformación demográfica durante la segunda mitad del siglo XX.[14] ¿Un futuro envejecido?

Tal como se mencionó previamente, las bajas tasas de nacimiento sumadas al aumento de la esperanza de vida son factores que

---

[12] United Nations, World Population Prospects 2022: Summary of Results, Department of Economic and Social Affairs, Population Division, 2022 [UN DESA/POP/2022/TR/NO. 3]. Disponible en <https://population.un.org/wpp/?_>.

[13] Inegi, Promedio de hijos nacidos vivos de las mujeres de 12 y más años por entidad federativa según estado conyugal, años censales de 2000, 2010 y 2020, México, Instituto Nacional de Estadística y Geografía, 2024. Disponible en <https://www.inegi.org.mx/app/tabulados/interactivos/?pxq=91447138-3345-4b51-aace-90140b31664c>.

[14] ONU, *Envejecimiento, Personas Mayores y Agenda 2030 para el Desarrollo Sostenible: Perspectiva Regional y de Derechos Humanos*, Sandra Huenchuan (ed.), Organización de las Naciones Unidas/ECLAC Books, 2019. Disponible en <https://doi.org/10.18356/19532890-es>.

contribuyen al crecimiento de la población, pero no son los únicos. A los ya mencionados se suman también fenómenos como la migración, el cambio cultural y los desplazamientos forzados. La ONU y otros organismos internacionales han señalado que el envejecimiento poblacional es una tendencia global con variaciones regionales significativas. Esta observación subraya que, aunque el envejecimiento de la población afecta a todas las regiones del mundo, las características y los desafíos asociados a este fenómeno varían considerablemente entre diferentes áreas geográficas.

Otra característica del envejecimiento, asociada a las diferencias de mortalidad, es su marcado y persistente signo de género, con un predominio numérico de mujeres, que es especialmente notorio entre el segmento de mayor edad. A nivel mundial, las mujeres viven en promedio más tiempo que los hombres. La mayor mortalidad masculina se ha asociado con factores conductuales y diferencias genéticas.[15]

A raíz de los mecanismos de cambio de la distribución espacial de la población, las estructuras etarias urbanas y rurales difieren; aunque el envejecimiento se registrará en ambos conjuntos, los adultos mayores están más concentrados en el medio urbano que el resto de la población.

Para nuestro país se calcula que en el año 2050 el número de la población de adultos mayores de 60 años y más se duplicará, llegando a casi 36 millones de personas dentro de una población total de aproximadamente 140 millones en todo el país. Esta cifra refleja un aumento significativo en comparación con años anteriores y apunta hacia una tendencia de envejecimiento poblacional sostenida en el tiempo.

---

[15]   United Nations, 2022.

De acuerdo con información del Censo 2020 del Inegi, para 2020 había 48 adultos mayores por cada 100 niños o niñas con menos de 15 años.[16] Se proyecta que para 2050, el número de personas de 65 años o más, en todo el mundo, sea más del doble del número de niños menores de 5 años, y aproximadamente igual al número de niños menores de 12 años.

Gráfica 1.4. Estimaciones y proyecciones de la población de más de 60 años en México, 2015-2050

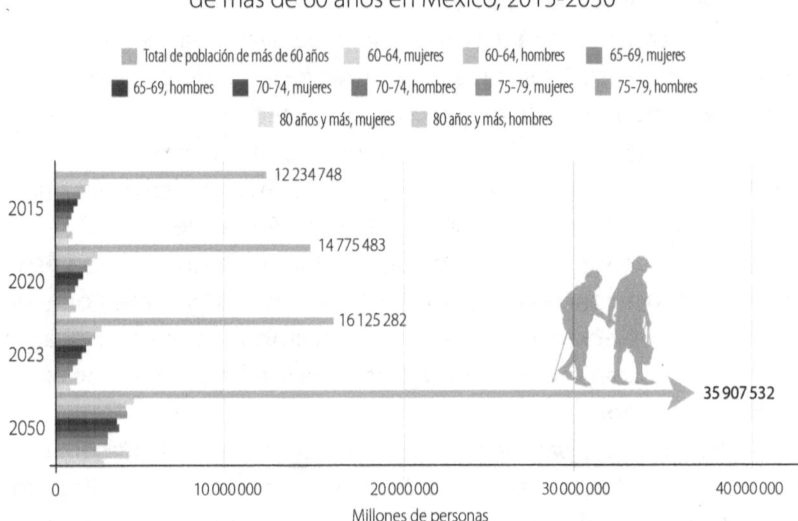

Fuente: Elaboración propia con datos del Banco Mundial. Disponible en: https://databank.worldbank.org/source/population-estimates-and-projections/>.

Las proyecciones demográficas para México en 2050 indican un escenario de envejecimiento poblacional significativo, menor fecundidad y mayores desafíos en términos de dependencia económica y social. No queda duda de que, además, nos veremos en la obligación

---

[16] Inegi, Estadísticas a propósito del Día Internacional de las Personas de Edad (Adultos Mayores), Comunicado de prensa, núm. 547/21, 29 de septiembre de 2021. Disponible en <https://www.inegi.org.mx/contenidos/saladeprensa/aproposito/2021/EAP_ADULMAYOR_21.pdf>.

de vivir a otro ritmo y cuestionar los estándares de productividad que no siempre respetan la dignidad de todas las personas.

Las capacidades físicas y mentales de una persona de 95 años ciertamente no serán iguales a las de una persona de 65 o 35 años. Sin embargo, la vejez no implica necesariamente una decadencia y mucho menos una catástrofe al llegar a los 60 años. Es crucial evitar la tentación de subestimar la autonomía y la capacidad de decisión de las personas mayores, simplemente porque no tienen la misma agilidad que alguien más joven.

Las políticas públicas deben enfocarse en mejorar el acceso a la salud, proporcionar servicios médicos de calidad, asegurar el bienestar económico y promover la participación en actividades sociales y culturales. También deben considerar la movilidad adaptada a sus necesidades, entre otros aspectos. Es vital abordar y contrarrestar los estereotipos que fomentan la discriminación y la violencia. Para lograr un cambio efectivo, es esencial adoptar un enfoque que vea a las personas mayores no como receptores pasivos, sino como agentes activos de cambio. Es imperativo crear condiciones que favorezcan su desarrollo integral y fomentar su integración en la sociedad, especialmente a la luz de las proyecciones demográficas que indican un aumento significativo en la población de esta franja de edad.

A medida que una persona envejece, cambian sus necesidades físicas y sociales, sus intereses y expectativas se transforman, y sus redes de apoyo y relaciones sociales se modifican, al igual que el rol que desempeñan en la sociedad. Es fundamental que tanto las políticas públicas como las iniciativas privadas se orienten a garantizar el respeto, la dignidad y el cuidado integral de los adultos mayores en México. Reconociendo su invaluable contribución a la sociedad y asegurando que disfruten de una vejez digna y satisfactoria.

Referencias

Cámara de Diputados del H. Congreso de la Unión, Ley de los Derechos de las Personas Adultas Mayores, *Diario Oficial de la Federación*, 25 de junio de 2002. Disponible en <https://www.diputados.gob.mx/LeyesBiblio/pdf/LDPAM.pdf>.

Condusef, A propósito del Día Nacional de las Personas Adultas Mayores, México, Comisión Nacional para la Protección y Defensa de los Usuarios de Servicios Financieros, 2024. Disponible en <https://www.condusef.gob.mx/?p=contenido&idc=1117&idcat=1>. Consultado el 17 de junio de 2024.

Henig, R. M., "Why Survive?", *The New York Times*, 14 de septiembre de 1975. Disponible en <https://www.nytimes.com/1975/09/14/archives/why-survive-dont-give-upon-an-aging-parent-the-best-years-of-your.html>.

Higgs, P. y C. Guillerad, "The ideology of ageism *versus* the social imaginary of the fourth age: two differing approaches to the negative contexts of old age", *Ageing & Society*, 39, 6 de marzo de 2019, pp. 1207-1225. Disponible en <https://www.cambridge.org/core/journals/ageing-and-society/article/ideology-of-ageism-versus-the-social-imaginary-of-the-fourth-age-two-differing-approaches-to-the-negative-contexts-of-old-age/4913128B8E1378A3A618E9C72B31F67F>.

Inegi, Censo de Población y Vivienda 2020, México, Instituto Nacional de Estadística y Geografía, 2020. Disponible en <Censo de Población y Vivienda 2020 (inegi.org.mx)>.

__________, Estadísticas a propósito del Día Internacional de las Personas de Edad (Adultos Mayores), Comunicado de prensa, núm. 547/21, Instituto Nacional de Estadística y Geografía, 29 de septiembre de 2021. Disponible en <https://www.inegi.org.mx/contenidos/saladeprensa/aproposito/2021/EAP_ADULMAYOR_21.pdf>.

__________, Encuesta Nacional sobre Discriminación 2022 (ENADIS). Marco conceptual, México, Instituto Nacional de Estadística y Geografía, 2022. Disponible en <https://www.inegi.org.mx/contenidos/productos/prod_serv/contenidos/espanol/bvinegi/productos/nueva_estruc/889463910480.pdf>.

Inegi, Estadísticas a propósito del Día Internacional de las Personas de Edad (Adultos Mayores). Datos nacionales, México, Instituto Nacional de Estadística y Geografía, 2022. Disponible en <https://www.inegi.org.mx/contenidos/saladeprensa/aproposito/2022/EAP_ADULMAY2022.pdf>.

__________, Estadísticas a propósito del Día Mundial de la Población. Datos Nacionales, Comunicado de prensa, núm. 395/23, 6 de julio de 2023, Instituto Nacional de Estadística y Geografía. Disponible en <https://www.inegi.org.mx/contenidos/saladeprensa/aproposito/2023/EAP_DMPO23.pdf>.

__________, Encuesta Nacional de Ocupación y Empleo (*enoe*), México, Instituto Nacional de Estadística y Geografía, 2023. Disponible en <https://www.inegi.org.mx/programas/enoe/15ymas/>.

__________, Encuesta Nacional para el Sistema de Cuidados (Enasic) 2022, Comunicado de prensa, núm. 578/23, Instituto Nacional de Estadística y Geografía, 3 de octubre de 2023. Disponible en <https://www.inegi.org.mx/contenidos/saladeprensa/boletines/2023/ENASIC/ENASIC_23.pdf>.

__________, Encuesta Nacional para el Sistema de Cuidados (*enasic*) 2022, México, Instituto Nacional de Estadística y Geografía, 2023. Disponible en <https://www.inegi.org.mx/programas/enasic/2022/>. Consultado el 17 de junio de 2024.

__________, Promedio de hijos nacidos vivos de las mujeres de 12 y más años por entidad federativa según estado conyugal, años censales de 2000, 2010 y 2020, México, Instituto Nacional de Estadística y Geografía, 2024. Disponible en <https://www.inegi.org.mx/app/tabulados/interactivos/?pxq=91447138-3345-4b51-aace-90140b31664c>. Consultado el 17 de junio de 2024.

Oddone, M. J., y P. Pochintesta, "La cuarta edad: la fragilidad en cuestión…", *Teseo Press*, 30 de mayo de 2019. Disponible en <https://www.teseopress.com/sociologiadelasedades/chapter/la-cuarta-edad-la-fragilidad-en-cuestion/>.

ONU, *Envejecimiento, personas mayores y agenda 2030 para el desarrollo sostenible: perspectiva regional y de derechos humanos*, Sandra Huenchuan (ed.), ONU/ECLAC Books, 2019. Disponible en <https://doi.org/10.18356/19532890-es>.

__________, World Population Prospects. Population Division, Organización de las Naciones Unidas, 2024. Disponible en <https://population.un.org/wpp/?_gl=1co1ug7_gaMjk5MjEyNTEyLjE3MTM4Mzk3ODQ._ga_TK9BQL5X7Z*MTcxODM1OTUzMi4yLjAuMTcxODM1OTUzMi4wLjAuMA>. Consultado el 17 de junio de 2024.

United Nations, *World Population Prospects 2022: Summary of Results*, Department of Economic and Social Affairs, Population Division, 2022. [UN DESA/POP/2022/TR/NO. 3]. Disponible en <https://population.un.org/wpp/?_>.

II
Integración social de la vejez

Martinique Acha Alemán
Luis Alberto Monteagudo Ochoa

Lo que el árbol tiene de florido vive de lo que tiene sepultado.
Francisco L. Bernárdez

2.1. Integración social del anciano: su valor en la familia y en la sociedad

Los nuevos escenarios demográficos están transformando rápidamente nuestra sociedad. Diversos estudios estiman que, después de 2025, la tendencia del incremento de la población de adultos mayores se dará de forma más acelerada que en las proyecciones anteriores al 2020. Respecto a 2023, año en el que el número de personas mayores de 60 años representó el 12% de la población mexicana (15.8 millones), se estima que en 2070 este número se triplicará (48.4 millones), lo que significa que el número de adultos mayores de 60 años representará el 34.2% del total de la población.[1] Asociado a la caída del índice de natalidad y al aumento de la esperanza de vida, el envejecimiento poblacional se ha convertido en un tema de suma importancia para la planeación demográfica, económica y social del

---

[1] Instituto Nacional de Geriatría, "Envejecimiento poblacional en México: situación actual y su devenir", *Boletín Bimestral*, núm. 14, 2023.

país. Sin embargo, también ha pasado a ser una de las cuestiones más urgentes para la reflexión humanista.

Nunca los ancianos habían sido tan numerosos en la historia de las civilizaciones, ni tampoco el riesgo de ser descartados había sido tan frecuente como ahora. Los ancianos, en efecto, son a menudo vistos como una carga no sólo por el Estado, sino por la familia misma. La prolongación de la vida ha afectado de forma estructural a la familia y la sociedad. A pesar de esto, vivimos en un mundo en el que la vejez tiene poca incidencia, y en el que el aislamiento y la marginación de los ancianos se ha convertido en un problema cada vez más frecuente. No sólo su aislamiento, sino su vacío existencial.

"Jamás anteriormente ha muerto la gente de una manera tan poco ruidosa y tan higiénica como hoy en día", afirma Norbert Elías, "y jamás lo ha hecho en unas condiciones que hayan fomentado tanto la soledad".[2] En este sentido, el envejecimiento poblacional representa no sólo un cambio cuantitativo en nuestras sociedades, sino principalmente un cambio cualitativo en el que está en juego la *unidad de las edades de la vida*, es decir, "el real punto de referencia para la comprensión y el aprecio de la vida humana en su totalidad".[3]

Algunos autores afirman que una mera revisión estadística y sociológica de la situación de marginación del anciano en México es insuficiente. Es necesario realizar un análisis más profundo sobre el *significado del envejecimiento*, es decir, comprender el imaginario social del anciano en nuestro país, que sufre de manera general condiciones de exclusión y marginación. Para ello, es fundamental reconocer, en primer lugar, que la cultura dominante se rige por criterios de productividad y efectividad, y exalta la juventud como único modelo capaz de encarnar el ideal humano: el joven adulto es útil y productivo. En consecuencia, todo lo que no se adapta a esta ambición del

---

[2] Norbert Elías, *La soledad de los moribundos*, 2a. ed., México, Fondo de Cultura Económica, 1989, p. 105.

[3] Francisco I, "La gracia del tiempo y la alianza de las edades de la vida", *Catequesis sobre la vejez I*, 23 de febrero de 2022.

imaginario social, todo aquello que representa fragilidad, dependencia o vulnerabilidad, debe ser combatido o evitado.

Ya en el siglo pasado, Simone de Beauvoir denunciaba que, para nuestra sociedad, la vejez es un secreto vergonzoso del cual es indecente hablar, pues la perspectiva del envejecimiento se ha vuelto intolerable.[4] El papa Francisco denuncia que, en la representación del sentido de la vida, y específicamente en las actuales culturas "desarrolladas", la vejez tiene poca incidencia, "porque es considerada una edad que no tiene contenidos especiales que ofrecer, ni significados propios que vivir".[5] Y entonces, bajo este pensamiento, en nuestra cultura de la productividad, los ancianos son considerados *material de descarte*. De manera sistemática son excluidos, aislados y marginados de la vida social:

> Con frecuencia, las personas adultas mayores son falsamente asociadas con enfermedad, ineficiencia, lentitud y poca productividad que en conjunto conducen a estereotipos equivocados de decadencia. Esto las convierte en objeto de abandono, maltrato, exclusión y, más importante, en víctimas de discriminación, lo que en última instancia restringe su acceso a derechos que son, y deben ser, hozados por todas las personas en un Estado democrático.[6]

Efectivamente, los cambios socioeconómicos que trajo consigo la Revolución industrial han ido socavando paulatinamente el papel del anciano en nuestras culturas. En las antiguas sociedades agrarias, por ejemplo, era común que los ancianos desempeñaran un rol principal en la organización social, pues tomaban parte en el arreglo de matrimonios y en decisiones sobre el parentesco, lo cual los convertía en

---

[4]   Cfr. Simone de Beauvoir, *La vejez*, Buenos Aires, Hermes, 1980.

[5]   Francisco I, "La gracia del tiempo y la alianza de las edades de la vida".

[6]   Inegi, *Encuesta Nacional sobre Discriminación en México (Enadis)*, México, Instituto Nacional de Estadística y Geografía, 2010.

elementos clave para la distribución de la producción. Sin embargo, para una sociedad en la que imperan criterios de eficiencia que benefician el mercado, la vejez es definida como un estado de dependencia e incapacidad, que progresivamente pierde su valor social, económico y cultural –una visión que muchas veces es compartida por los ancianos mismos.[7] Por eso una de las características más destacadas del envejecimiento en las sociedades modernas es el aislamiento emocional y la exclusión social.

Debemos preguntarnos ahora si pierden algo en este proceso solamente los adultos mayores. Frente a esta realidad social, ¿no deberíamos preguntar cuáles son el sentido y el valor de la vejez? ¿Es verdad que la juventud contiene en sí la plenitud de la vida, mientras que la vejez representa su vaciamiento y su pérdida? Hemos afirmado previamente que, en este proceso de marginación de los ancianos, lo que está en juego para nuestra cultura es, sobre todo, la *unidad de las edades de la vida*, es decir, la posibilidad de captar el sentido de la vida en su totalidad –algo que sólo la alianza entre las generaciones es capaz de devolver al hombre contemporáneo.

En su libro *El tema de nuestro tiempo*, Ortega y Gasset destaca el hecho verdaderamente positivo de que las generaciones nacen unas de otras, "de suerte que la nueva se encuentra ya con las formas que a la existencia ha dado la anterior".[8] Para cada generación vivir es, pues, "una faena de dos dimensiones", que consiste, por un lado, en recibir lo vivido por la anterior y, por otro, en dejar fluir su propia espontaneidad. En este sentido, la sabiduría que alberga la vejez, lejos de ser material de descarte, es un don para las nuevas generaciones:

---

[7] La discusión sobre el rol político, social y económico de los adultos mayores en México es ciertamente más compleja, y será atendida en el siguiente apartado. En estas líneas, nuestro objetivo es ofrecer al lector una mirada general sobre los criterios culturales que condicionan la situación de marginación social en que se encuentra un alto porcentaje de adultos mayores en nuestro país y en el mundo entero.

[8] José Ortega y Gasset, "La idea de las generaciones", en *El tema de nuestro tiempo*, vol. I, Biblioteca Digital Minerd-Dominicana Lee, 1923.

Envejecer supone siempre un declive físico para las personas, pero también un crecimiento en cultura y en valores humanos, en sensibilidad y comprensión [...]. Y esas cualidades son las que queremos transmitir a las nuevas generaciones, al mismo tiempo que aprender de ellas todos aquellos conocimientos y vivencias que no estuvieron a nuestro alcance en épocas anteriores y que nos conducirían a integrarnos más fácilmente a esta nueva sociedad.[9]

Por esta razón, junto al desarrollo de nuevas políticas públicas que protejan los derechos de los adultos mayores, necesitamos promover el diálogo intergeneracional como una exigencia humana, pues sólo entonces es posible una mejor comprensión del anciano y de su verdadera naturaleza. Este diálogo trae consigo, naturalmente, la integración de los adultos mayores en la vida de la familia y de la sociedad. Pero no sólo eso. El anciano es la persona capaz de desarrollar una visión completa de la vida, y por eso mismo es capaz de transmitir auténtica sabiduría que sirve de guía para las generaciones que vienen detrás de él.

La alianza entre las generaciones permite así que niños y adultos, jóvenes y ancianos se vinculen mutuamente, haciendo la existencia de todos más rica en humanidad. Una sociedad en la que no existe el diálogo intergeneracional es incapaz de mirar al horizonte y se encierra en sí misma. Pierde, entonces, la capacidad de captar el sentido de la vida. Las grandes urbanizaciones del mundo moderno son hostiles con los ancianos (y no por casualidad, también con los niños). Sus medios de transporte, sus espacios sociales, su oferta de actividades culturales suelen ser excluyentes con las personas de la tercera edad. De manera que la posibilidad de diálogo, convivencia y

---

[9] CEOMA, IX Congreso Nacional de Organizaciones de Mayores: El arte de envejecer, Madrid, Confederación Española de Organización de Mayores, 2009.

vínculo intergeneracional se ve limitada no sólo por el imaginario social, sino por la realidad concreta de la infraestructura urbana.

Y es que, para una cultura en la que imperan criterios de productividad, los ritmos lentos (los ritmos propios de la vejez) son considerados una pérdida. Sin embargo, sólo la alianza visible de las generaciones permite armonizar los tiempos y los ritmos de la vida, devolviéndonos "la esperanza de no vivir en vano. Y devuelve a cada uno el amor por nuestra vida vulnerable, cerrándole el paso a la obsesión de la velocidad, que simplemente la consume [...]. Los ritmos de la vejez son un recurso indispensable para captar el sentido de la vida marcada por el tiempo".[10]

Vemos así que la noción de vulnerabilidad se vuelve clave para el desarrollo de un auténtico humanismo. En este sentido, es urgente reconocer que, si bien la vejez está determinada por la dependencia y la vulnerabilidad, esto no significa que el anciano sea incapaz e inútil. Más aún, necesitamos reconocer que el ser humano es intrínsecamente limitado, imperfecto y frágil. A esta realidad hace referencia el llamado *principio de vulnerabilidad,* definido de manera sistemática por primera vez en la Declaración de Barcelona del año 2000. Aunque este principio pretende ser aplicado directamente a la bioética, resulta pertinente para el punto que estamos desarrollando aquí. El enfoque de esta Declaración afirma como principio ético el hecho de la fragilidad y vulnerabilidad como inherentes a la condición humana, de donde se desprende una obligación moral de protección. De acuerdo con la Declaración, el concepto de vulnerabilidad "expresa la finitud y la fragilidad de la vida en las que, en aquellas personas capaces de autonomía, se funda la posibilidad y necesidad de toda moral".[11]

---

[10] Francisco I, "La longevidad: símbolo y oportunidad", *Catequesis sobre la vejez*, II, 2 de marzo de 2022.

[11] Los así llamados Principios de Barcelona son el resultado de un amplio trabajo de reflexión y confrontación al que se dedicó durante tres años (1995 a 1998) un grupo de 22 intelectuales europeos, con el objetivo de proponer una formulación sistemática del concepto de vulnerabilidad y su directa aplicación a la bioética. El fruto de este trabajo se recoge en dos volúmenes publicados con el título *Basic Ethical Principles in European Bioethics and Biolaw.* La

De esta forma, la vulnerabilidad nos brinda una perspectiva antropológica distinta a la de la filosofía individualista y utilitarista imperante en la cultura contemporánea. Bajo esta perspectiva, podemos reconocer que ser hombre implica de por sí ser frágil y vulnerable: el anciano, entonces, deja de ser definido como alguien incapaz e inútil, y se muestra como uno de nosotros. Alasdair MacIntyre, en su libro *Dependent Rational Animals*, analiza la misma cuestión, y se pregunta de qué sirve apoyar a un sector de la sociedad que por su condición no puede retribuir a la inversión dedicada a su manutención y desarrollo. Responde, entonces, que el mismo hecho de plantear esta pregunta es un error, pues los seres humanos no sólo somos animales con autonomía racional, sino que es propio de nuestra naturaleza ser dependientes y estar sujetos a la vulnerabilidad constante.[12]

Aunque la dependencia para la protección y manutención es evidente en la niñez y en la vejez, insiste MacIntyre, en las diferentes etapas de la vida, todos nosotros permanecemos en una constante relación de dependencia con los demás, pues todos somos vulnerables a las contingencias de la vida. Esto implica que la vejez o la persona anciana, aunque vulnerable y dependiente, necesita ser asumida como tal. La vergüenza a la fragilidad –la propia o la de otros– es una falacia del racionalismo y de las sociedades posindustriales. Ser *dependiente y vulnerable* no es ocasión de vergüenza: es parte de nuestra naturaleza humana. En un sentido muy profundo esto significa que descartar a los ancianos es descartar la humanidad misma.

---

síntesis de estos principios éticos fue presentada a la Comisión Europea bajo el nombre de Declaración de Barcelona. Cfr. J. D. Rendtorff y P. Kemp (eds.), *Basic Ethical Principles in European Bioethics and Biolaw*, Copenhage/Barcelona, Center for Ethics and Law & Instituto Borja de Bioética, 2000.

[12] Cfr. Alasdair MacIntyre, *Dependent Rational Animals. Why Human Beings Need the Virtues*, Chicago/Illinois, La Salle/Open Court, 1999.

2.2. El problema de la desintegración social del anciano en México

En la *Voluntad de saber*, Michel Foucault dice que "el hombre occidental aprende poco a poco lo que significa ser una especie viviente en un mundo viviente, tener un cuerpo, condiciones de existencia, probabilidades de vida, una salud individual y colectiva, fuerzas que se pueden modificar".[13] Poseyendo una corporalidad que se presenta ante el mundo de una sociedad occidental, bajo la forma de administración estatista, las democracias modernas se encuentran muy interesadas en la intervención de un proceso biológico del que pueden extraer cuanto recurso sea posible en *pos* de su fortalecimiento, como refiere el autor de la *Histoire de la sexualité*, para "explotar numerosas y diversas técnicas para subyugar los cuerpos y controlar la población".[14]

Explotar implica la extracción o sustracción de cualquier recurso que beneficie a la entidad gubernamental por cualquier beneficio que lo fortalezca, o que evite su debilitamiento al costo que fuera. Efectivamente, como afirma Giovanni Botero, la manutención del poder es uno de los más evidentes objetivos de la "razón de Estado", por la manutención y el engrandecimiento estatal, justificando las acciones de los gobernantes en la construcción de la grandeza del Estado. Esto sucede fundamentalmente en un contexto de peligro como el que el autor vivirá en pleno contexto de las guerras de religión.[15] Sin lugar a dudas, para el gran Maquiavelo del *De Principatibus*, será el arribo, la posesión y la defensa del principado, preocupación básica de todo gobernante, en especial de los nuevos.

Los denominados *príncipes nuevos* son figuras que ya refieren la caracterización de los gobernantes de las sociedades modernas,

---

[13] Michel Foucault, *La volonté de savoir*, p. 187. Citado por Maurizio Lazzarato, "Del biopoder a la biopolítica", *Multitudes*, núm. 1, París, marzo de 2000.

[14] Michel Foucault, *Histoire de la sexualité*, vol. I, París, Gallimard, 2014.

[15] "Giovanni Botero, *La razón de Estado*", *Lemir*, núm. 20, 2016.

cada vez más lejanas de las grandiosas monarquías hereditarias, sometidas a los procesos de elección que se irán desarrollando hasta el sistema electoral que tienen las democracias modernas, en las que al partido político gobernante le importará tanto la conservación del poder como le pudiera importar a un emperador carolingio. *Conservar* es el precepto del poder, aunque eso represente contradecirse con fines tan importantes que justificarían el nacimiento de los Estados, como lo es la conservación de sus gobernados que lo crean para su beneficio, cosa en la que coinciden autores desde la escolástica nueva española, como Francisco Suárez[16] y Francisco de Vitoria,[17] y más tarde el contractualismo británico de Thomas Hobbes.[18]

Mediante la noción de *biopoder*, Michel Foucault nos remite a todos los instrumentos del Estado para garantizar la posesión del gobierno, aunque con la originalidad de intervenir en los procesos biológicos que mantengan o descarten las molestias. Es en este punto donde queremos resaltar lo que por "descarte" se refiera para nuestros fines a *exiliar de la vida social a los ancianos, o bien, aprovecharlos según los intereses del gobierno en turno para su manutención en el poder*. El descartamiento implica hacer a un lado a algo o alguien que represente una carga o, como dirá Norbert Elías, una encarnación de todo lo que no quiere un mundo materialista que contribuya a la realización de sus ideales de juventud y productividad económica.

A la manera en que Foucault contempla las políticas que apartan lo que le represente un costo o le desgastan arbitrariamente, Elías coincide en que el ideal de la sociedad materialista descarta lo que le recuerda la inevitabilidad del envejecimiento y de la posterior muerte, que se ha convertido en tabú de una sociedad aterrada con la sola

---

16 Francisco Suárez, *Tractatus de legibus ac Deo legislatore*, Conimbricae, 1612.

17 Francisco de Vitoria, *Reelección sobre el gobierno civil*, México, Porrúa, 1985.

18 Thomas Hobbes, *Leviatán*, México, FCE, 2017.

idea, aunque efectivamente ha fortalecido los medios para su sobrevivencia, como lo demuestra el incremento de los años de vida.[19]

No deja de ser curioso el dato que M. Nussbaum nos refiere sobre el poder de los ancianos en los Estados Unidos. Hasta aquí tal pareciera que, en el presente artículo, solamente existen sombras sobre la vejez. La pensadora nos remite que "más de una parte de la riqueza privada está en manos de 1% de la población, donde los más ancianos están sobre representados".[20] Ante el planteamiento de que todo es pobreza y marginación, la filósofa de Harvard advierte de que esto no es así necesariamente. Si bien la presencia de la marginalidad en su país sí existe, las cuestiones ameritan una mayor reflexión, como pretendemos hacer al referirnos a México, relacionando el discurso del biopoder con la captación del anciano como un activo de un gobierno que se hace de ellos para mantener su hegemonía.

En datos oficiales del Instituto Nacional de Geografía y Estadística en México (Inegi):[21] "En el segundo trimestre de 2022 existían en México casi 18 millones de adultos de los cuales 43.1% tienen entre 60 y 69 años", quienes, según datos del Consejo Nacional de

---

[19] "Hoy, en las sociedades industrializadas, el Estado protege a las personas de edad o a los moribundos, como a cualquier otro ciudadano de la violencia física patente. Pero al mismo tiempo, conforme se vuelven más viejas y débiles, las personas se ven más y más aisladas de la sociedad y del círculo de sus familiares y de sus amistades", en *La soledad de los moribundos*, p. 117. Para Norbert Elías, la protección estatal contrasta con el aislamiento del anciano (y de los moribundos), y su condena a una terrible soledad que el incremento de los años de vida parecen que no necesariamente han perfeccionado los recursos de integración afectiva de la sociedad hacia sus ancianos, con cosas tan básicas es como Martha Nussbaum desarrolla en *Envejecer con sentido*, haciendo hincapié en la importancia del transporte público de calidad, que permita a los ancianos acceder al esparcimiento y a los recursos sanitarios, así también resalta la idea de la filósofa como forma de palear el aislamiento y la consecuencia de la soledad, como lo es un "servicio obligatorio", donde todas las generaciones oficialmente se vinculen con los mayores, para aprovecharlos como agentes valiosos de información indispensable para la calidad de vida de las generaciones siguientes, alejando la idea de su inutilidad y descarte.

[20] Martha Nussbaum, *Envejecer con sentido*, Barcelona, Paidós, 2018, p. 175.

[21] Retomamos la información de la excelente publicación del Inegi dedicada al Día Mundial de Población 2023.

Población (Conapo),[22] el 25% vive en situación de calle. La evidente situación de precariedad se agrava si juntamos los datos sobre la informalidad laboral en 2023, que nos dice que el 51.3% de la población de 25 a 64 años trabaja en la informalidad, por lo que la capacidad de hacer aportes a la hacienda pública –que contribuyan al fortalecimiento de la recaudación fiscal, canalizando recursos a las pensiones de los ancianos y la infraestructura requerida para su movilidad– es sumamente limitada.

Según datos de la publicación sobre el Día Mundial de Población 2023, existe otro dato preocupante: la escolaridad de la población mexicana de 25 a 64 años es de 10.3 años, en contraste con el 8.1 que para 2005 representaba. En México, 10.3 años de formación es bachillerato inconcluso, considerando las diversas calidades de las instituciones de educación de un país, en donde el sistema educativo, fundamentalmente el público, se encuentra capturado por una organización sindical que, más que luchar por los beneficios reales para estudiantes y profesores, es un brazo de movilización política al servicio del biopoder.[23] Estas organizaciones sindicales forman parte de los recursos del Estado para que, en pos de su sobrevivencia, la eficiencia educativa no rompa finalmente con viejas estructuras de dominación, convirtiéndolos en alfiles de la lucha por el poder.

---

[22] El Consejo Nacional de Población (Conapo) es el órgano autónomo del Estado que estudia la calidad de vida de los habitantes, resaltando las condiciones de vulnerabilidad.

[23] En México existe el Sindicato Nacional de Trabajadores de la Educación (SNTE) que, larga data, congrega a la mayoría de los profesores de educación básica del país, al amparo de dirigencias partidistas que, pelando por sus intereses gremiales, poco ponen de objetivo sobre la realidad educativa que, en este mismo libro, se verá en el apartado de educación. Dentro de esta organización existe una escisión radicalizada denominada Coordinadora Nacional de Trabajadores de la Educación (CNTE) con una presencia amplia en los más pobres estados del país. Acostumbrados a concentrarse violentamente para buscar beneficios gremiales, han luchado contra toda evaluación de su trabajo, por la opacidad del uso de sus recursos y de la calidad de sus planes de estudio, que han repercutido en el rezago y politización de un país cuya mala educación al servicio de intereses oscuros, no nos ofrece un buen panorama sobre una población con anticuerpos para enfrentarse a políticas clientelares de las que ni siquiera son conscientes, como muchos de los ancianos de hoy, que mal formados desde la escuela, quedan a merced de la movilización, el clientelismo y la radicalización, dada su pobreza contentada con paliativos monetarios.

Al biopoder le interesa inmiscuirse en lo más íntimo de los cuerpos de sus pueblos, evitar amenazas, quizá sometiéndolos, por ejemplo, a terribles traslados desde sus lugares de vivienda hasta los de trabajo, como contemplamos en la Ciudad de México, en la que un trabajador responsable necesita trasladarse durante tres horas por viaje a cambio de un sueldo muy limitado que no contribuye a un bienestar efectivo ni de él ni de su familia. Es lo mismo que podemos decir cuando, entre la población anciana, ya utilizando todas las cifras aquí vertidas, comprendemos: *nivel educativo precario e informalidad laboral*, convirtiéndolos en un grupo sumamente vulnerable. Bajo los terribles estándares del egoísmo materialista de la sociedad liberal moderna, este grupo cumpliría con ese aislamiento al que refiere Elías o con su franca destrucción.

En este caso, la biopolítica podría confrontarse con lo que supuestamente le estorba, aludiendo al ejemplo antepuesto. Sin embargo, esta noción que nos remite a la conservación de poder –principio que, como vimos, es concomitante a la naturaleza del poder y de sus poderosos– tiene otro matiz: *la capitalización de la vulnerabilidad*. Como ya se explicó en el apartado referido a la vulnerabilidad, y sin pretender extendernos en esos términos, sí podemos referir que, si bien es cierto que es una condición a la que de una u otra manera todos los seres humanos nos enfrentamos por nuestra sola naturaleza, lo cierto es que su capitalización ha sido, es y será el suculento botín de movimientos de supuesta regeneración, que no son sino la palabrería de la apropiación del gobierno por parte de grupos de poder. En México, estos grupos encontraron en los ancianos y su vulnerabilidad un jugoso capital que cumple con los objetivos del biopoder. Aprovechándose de las condiciones físicas y las carencias ya referidas, una gran parte de la población anciana del país se ha convertido en elemento de movilización captado por el gobernante.

Frente a la posición de privilegio que Nussbaum nos refiere de los ancianos en Estados Unidos, en México el poder de este grupo existe, aunque con medios diferentes. Según el comunicado 002 de la página del gobierno de México: "del 3 al 26 de enero se dispersa la pensión para adultos mayores; aumenta a seis mil pesos bimestrales".[24] Un poco más abajo una nota refiere: "Creció 417% el monto de la pensión para el Bienestar de las personas adultas mayores en esta administración".[25] Para alguien ajeno a los problemas de México, podría pensarse lo mucho que el gobierno mexicano ofrece a sus ancianos, pero sabemos que no es así.

Habiendo 18 millones de adultos mayores, de los cuales una importante fracción vive en condiciones de carestía, incrementadas bajo la administración que más presume sus bondades, México ostenta el mayor rezago de la historia del país en algo tan básico para la población anciana como en la asistencia médica. Según datos del Coneval, la asistencia médica pasó de una carencia del 15.6 en 2016 al 39.1% en 2022. Conjunta al dato sobre el rezago educativo (18.5 en 2016 a 19.4%), asistencia médica y educación conforman los dos rubros que más han incrementado la desigualdad.

El programa gubernamental de atención a los ancianos, limitado a depósitos en efectivo, ha tenido un éxito rotundo en una población que se ha entregado de forma muy amplia como clientela de un gobierno que no les ofrecerá asistencia médica, un sistema de transporte digno, un sistema de cuidado integral físico y emocional, y que ha eliminado los apoyos para el mantenimiento de estancias infantiles, en las que las madres trabajadoras podían dejar a sus hijos mientras laboraban. Al respecto, se volvería famosa la frase presidencial pidiendo a los abuelos hacerse cargo de los niños. Los apoyos a los ancianos se han dado en medio de la más absoluta discrecionalidad y opacidad, donde las mediciones objetivas para dar cuenta de los logros del programa se desconocen, y fuera de los informes

---

[24] Secretaría del Bienestar del gobierno de México, Comunicado 002, 2 de enero de 2024. Disponible en <https://www.gob.mx/bienestar/prensa/2024-inicia-con-aumentos-a-pensiones-de-bienestar-anuncia-ariadna-montiel?idiom=es>.

[25] Refiriéndose a una exposición del presidente Andrés Manuel López Obrador, en la página se transcribe: "Recordó que, en el actual sexenio, de 2019 a 2024, se invierten 1 billón 440 mil millones 109 mil pesos en la pensión, a diferencia del periodo 2007-2012, en el que se invirtieron 67 mil 859 millones de pesos, o de 2013 a 2018, 211 mil millones 886 millones", *idem*.

presidenciales, plagados de propaganda, es difícil de corroborar algo más allá que su eficacia política.

Una parte importante de la población anciana se ha convertido en defensora de un sistema famoso por destruir la institucionalidad, por apostar al efectivo que se traduce en las simpatías de los más desfavorecidos que, perdiendo acceso a servicios, se entregan felices al asistencialismo más violento que la sociedad mexicana pudiera ver. Cegados ante el beneficio que no contribuye a una real elevación en su calidad de vida, se entregan como grupo de poder con amplias cifras que, sin duda, garantizan el apoyo y movilización de la tercera edad a un gobernante polémico, en cuyas ineficacias no ahondaremos más aunque sí advertiremos, porque al referirnos a un estudio sobre la tercera edad en el México actual, sin lugar a dudas nos hace comprender el uso faccioso y totalmente politizado con el que se dispensan recursos y se compran lealtades.

2.3. Propuesta de una cultura intergeneracional: el puente entre las políticas públicas y la realidad social

¿Cuál es la perspectiva de la vejez que se promueve en los programas públicos para los adultos mayores en México? Para responder a esta pregunta es necesario analizar el tipo de intervención del Estado o del gobierno ante esta problemática. Es sabido que todas las políticas públicas consisten en una acción estatal que busca dar solución a problemas públicos que atañen a un amplio grupo de la sociedad, y que son visibles para el resto. De acuerdo con la doctora Paola Gutiérrez Cuéllar, del Instituto de Investigaciones Sociales (IIS) de la Universidad Nacional Autónoma de México (UNAM), en la mayoría de los casos la intervención del Estado o del gobierno recurre a dos enfoques de formulación en la acción pública: por un lado, las *políticas de tipo asistencial*, y por otro, las *políticas con enfoque de derechos*. En el primer caso, se promueven soluciones inmediatas y focalizadas que sólo atienden una parte del problema, sin considerar la interacción entre las condiciones que tienen todas las problemáticas sociales. Se trata de soluciones que no logran atacar la raíz de los problemas, ya que éstos quedan separados según cuestiones muy específicas, como la alimentación, las enfermedades, el cobijo, entre otras.

El enfoque asistencialista ha sido la primera forma de hacerse cargo de los problemas por parte de los gobiernos. Sin embargo, tras la segunda Guerra Mundial y la creación de las Naciones Unidas como un órgano internacional que protege los derechos humanos universales, en el siglo xx surgió una nueva visión de políticas públicas que atiendan derechos y generen cambios en las condiciones de vida de los distintos grupos sociales, con el fin de limitar su exposición a diversos escenarios de vulnerabilidad, como el desempleo, la desnutrición, la orfandad, etcétera. En este sentido:

> Las políticas con enfoque de derechos surgen como un marco conceptual que vela por el desarrollo humano y tiene dos aplicaciones: una normativa y otra operacional. La primera se refiere al resguardo de los derechos humanos, que se logra a partir de acciones de política pública, mientras el segundo considera que todas las acciones gubernamentales deben respetar por sí mismas derechos humanos básicos. Esto significa, pues, que no basta con generar acciones públicas que garanticen derechos, sino también velar por que todos los derechos sean respetados por los gobiernos y sus burocracias.[26]

Evidentemente, las políticas con enfoque de derechos promueven una mejor solución a los problemas sociales. En el caso de la vejez y de los adultos mayores, la perspectiva de un *envejecimiento*

---

[26] Paola Gutiérrez Cuéllar, "¿Qué envejecimiento? El problema público de la vejez en la Ciudad de México", *Iztapalapa. Revista de Ciencias Sociales y Humanidades*, núm. 87, año 40, julio-diciembre de 2019, p. 152.

activo y saludable es un enfoque mucho más positivo cuando se pretenden erradicar las condiciones de marginación, exclusión, pobreza, clientelismo y desigualdad que sufren los ancianos en nuestro país. Sin embargo, en el estudio citado anteriormente, la doctora Gutiérrez Cuéllar denuncia que, a excepción del Programa de Pensión Alimentaria,[27] las acciones institucionales que opera el gobierno de México en función de los adultos mayores, aunque promueven una visión del envejecimiento activo y de los derechos de las personas mayores como temas relevantes, sin embargo, tienen poco sustento y se encuentran desvinculadas y carentes de procesos de seguimiento y evaluación:

> Aunque la inserción en la agenda pública del tema del envejecimiento activo y de los derechos de las personas mayores a partir de los programas de política pública es muy relevante, la visión y promoción de un concepto de la vejez y el envejecimiento entre los beneficiarios y no beneficiarios de estos programas puede resultar un tanto confusa. Sería de gran ayuda organizar las acciones y los programas teniendo como eje el fin mayor del envejecimiento activo, saludable o exitoso que, por supuesto, promueva y logre derechos. Ello también permitiría ubicar las dimensiones que hacen falta por atender, tales como: los derechos laborales, de vivienda y de cuidados, entre otros, de manera que las evaluaciones positivas sobre la universalidad, cobertura e impacto de la pensión alimentaria se

---

[27] El Gobierno de la Ciudad de México cuenta con una dependencia especializada en esta materia, el Instituto para la Atención de los Adultos Mayores (IAAM), cuyo objetivo es garantizar el cumplimiento de la ley que establece el derecho a la pensión alimentaria para los adultos mayores de 68 años residentes en la Ciudad de México. La pensión alimentaria, aunque sólo es uno de los programas que desarrolla el IAAM, sin duda es el de mayor impacto social y mediático. Al respecto, la investigadora de la Universidad Nacional Autónoma de México (UNAM) critica que, aunque el concepto de envejecimiento activo y la visión de derechos humanos están presentes en los objetivos de la pensión alimentaria, hay algunos derechos que no están considerados, por ejemplo, el derecho a un trabajo digno, bien remunerado y con adecuación a las capacidades de esta etapa de la vida.

acompañen de evaluaciones sobre programas de cuidados de las personas mayores o de créditos o de prácticas de activación física estructurados para influir en el alcance del envejecimiento activo guiado por derechos.[28]

Vemos así que, en la práctica, los programas y las políticas públicas de atención a las personas mayores promueven un enfoque de tipo asistencialista, en el que se presta una atención superficial al problema, pues no hay un diagnóstico ni una planificación adecuada para proponer acciones específicas que contribuyan al ejercicio del envejecimiento activo. En este sentido, la visión de la acción pública reduce el problema de la vejez a la pobreza, las enfermedades y la malnutrición. Faltan acciones institucionales que generen condiciones de mayor actividad e inclusión social para las personas mayores. Lo que permite concluir que el envejecimiento activo y saludable, al menos en el diseño de la operación de todos los programas gubernamentales vistos en conjunto, permanece a la fecha como un concepto ineficiente.

Para dimensionar el lado "activo" de envejecer, proponemos un modelo según las críticas realizadas por Edmund Burke a la ahistoricidad del contractualismo clásico: el desprecio por los antecedentes que conforman un pensamiento en el que la experiencia nutre a la razón sin contraponerse. El pensador británico propone que el sistema político sea un acuerdo entre los muertos y los vivos, entre la historia y los hechos, donde el conocimiento acumulado aporta su saber y la facultad crítica expurga ese conocimiento, evitando anacronismos que vulneren el desarrollo de una sociedad envuelta en una dinámica permanente.[29] A la manera del planteamiento que Burke hace de la ahistoricidad ilustrada, considerada dañina para una sociedad que

---

[28]   Paola Gutiérrez Cuellar, "¿Qué envejecimiento?", 167.

[29]   E. Burke, *Reflexiones sobre la revolución francesa*, Madrid, Alianza, 2016.

presume su novedad, las sociedades modernas no pueden someterse a una heredad que hizo de la historia algo desconfiable o "desechable".

El anciano encarna esa riqueza experiencial que no puede ser descartada, por una apuesta hacia aquello que goza de corroboración analítica o se fundamente exclusivamente en una técnica incapaz de profundizar en el sentido de las cosas, apostando por la utilidad. Un pacto entre los antepasados y los contemporáneos implica la refundación de un pacto social que refrenda no simplemente un simbólico respeto, que en sí es valioso, sino también un sentido activo de la vejez, en el cual las enseñanzas se traducen en una mejora de las condiciones de vida de las generaciones futuras, y el descarte se elimine de cualquier consideración a propósito de la validación del conocimiento.

Para ello, es necesario reconocer que la experiencia es tan valiosa como el conocimiento exclusivamente racional, fundamentalmente cuando de ello trata el devenir de las sociedades, que pueden tener en el anciano un dignísimo abrevadero que, por mérito propio, es considerado un activo que semeja al de aquellos ilustres ancianos que dieron forma a la grandiosidad de la república romana, de cuyo saber se nutrió por siglos la gran potencia mediterránea. No es simplemente la idea nussbaumiana de un "servicio social intergeneracional", como una especie de obligación legislada, sino una cuestión más íntima, que en lugar de apostar por un artificio judicial, refiera un auténtico reconocimiento del papel del anciano y su patrimonio espiritual que enriquece la experiencia de los más jóvenes, por mera y simple justicia, sin por ello asumirlo ingenua o ciegamente, sometiéndose a una historia reverencial por un pasado que puede tener equívocos que deben de advertirse ciertamente, pero no por ello censurar la generalidad de la riqueza heredada.

El respeto al saber de los antepasados, de la generación de nuestros mayores que gozó y sufrió con los retos de su tiempo, que lo mismo se equivocó que acertó, nos ofrece una versión menos maniquea de lo que una sociedad moderna, en buena medida heredera de la orgullosa ilustración, hizo con su propia herencia a la que en muchos casos llenó de oprobio (como recordará Burke), quien no concibe una sociedad sin el aporte de sus padres, cuanto y más si éstos construyeron un imperio. Las generaciones interrelacionadas como un todo dinámico, entre las que el saber y la crítica se transformen en actitud frente a la vida, permiten comprendernos como un bloque importante en el complejo edificio social. Construcción que tiene almenas, torres, puentes y murallas; jardines con rincones en donde los abuelos en la trascendencia nos susurran al oído sus consejos, nos consuelan entre las más violentas aflicciones concediéndonos lo más valioso de sus posesiones: el conocimiento que jamás puede menospreciarse y que testimoniamos día a día con el sentido de lo que comprendemos como vida.

Referencias

Beauvoir, Simone de, *La vejez*, Buenos Aires, Hermes, 1980.

Burke, E., *Reflexiones sobre la revolución francesa*, Madrid, Alianza, 2016.

Ceoma, IX Congreso Nacional de Organizaciones de Mayores: El arte de envejecer, Madrid, Confederación Española de Organización de Mayores, 2009.

Elías, Norbert, *La soledad de los moribundos*, 2a. ed., México, Fondo de Cultura Económica, 1989.

Foucault, Michel, *Histoire de la sexualité*, vol. I, París, Gallimard, 2014.

Francisco I, "La gracia del tiempo y la alianza de las edades de la vida", *Catequesis sobre la vejez I*, 23 de febrero de 2022.

Francisco I, "La longevidad: símbolo y oportunidad", *Catequesis sobre la vejez*, II, 2 de marzo de 2022.

"Giovanni Botero, *La razón de Estado*", *Lemir*, núm. 20, 2016.

Gutiérrez Cuéllar, Paola, "¿Qué envejecimiento? El problema público de la vejez en la Ciudad de México", *Iztapalapa. Revista de Ciencias Sociales y Humanidades*, núm. 87, año 40, julio-diciembre de 2019.

Hobbes, Thomas, *Leviatán*, México, FCE, 2017.

Inegi, Encuesta Nacional sobre Discriminación en México (Enadis), México, Instituto Nacional de Estadística y Geografía, 2010.

Instituto Nacional de Geriatría, "Envejecimiento poblacional en México: situación actual y su devenir", *Boletín Bimestral*, núm. 14, 2023.

Lazzarato, Maurizio, "Del biopoder a la biopolítica", *Multitudes*, núm. 1, París, marzo de 2000.

MacIntyre, Alasdair, *Dependent Rational Animals. Why Human Beings Need the Virtues*, Chicago/Illinois, La Salle/Open Court, 1999.

Nussbaum, Martha, *Envejecer con sentido*, Barcelona, Paidós, 2018.

Ortega y Gasset, José, "La idea de las generaciones", en *El tema de nuestro tiempo*, vol. I, Biblioteca Digital Minerd-Dominicana Lee, 1923.

Rendtorff, J. D. y P. Kemp (eds.), *Basic Ethical Principles in European Bioethics and Biolaw*, Copenhage/Barcelona, Center for Ethics and Law & Instituto Borja de Bioética, 2000.

Suárez, Francisco, *Tractatus de legibus ac Deo legislatore*, Conimbricae, 1612.

Vitoria, Francisco de, *Reelección sobre el gobierno civil*, México, Porrúa, 1985.

III

Educación: el camino esperanzado para la vida en común con el adulto mayor

Andrea Diego Armida

El aumento creciente y mantenido de la población adulta mayor, aunado a la deficiencia en la calidad de las realidades sociales y políticas que conciernen a esta población, da lugar a una sociedad en la que el futuro de los ciudadanos no parece alentador, sino todo lo contrario: el camino hacia el aislamiento y la marginación.

Los adultos mayores que viven en un escenario de cuasi ciudadanos, en el que aun con la existencia de formalidades nacionales o internacionales –en cuanto a política pública se refiere– procedentes de una legislación que considera sus derechos, en la práctica no se cumplen o no son suficientes para atender el nivel de vulnerabilidad en el que se encuentran. Aunque el aumento demográfico de adultos mayores en México no es suficiente ni tan notable para poder hablar de un contexto de valoración social como en otros países, parecen cada vez más pertinentes los esfuerzos perfilados a que los derechos garanticen una mejor calidad de vida para la tercera edad.

En Latinoamérica, dado el acrecentamiento incesante de la expectativa de vida y el desplome en los nacimientos, el porcentaje de futuros adultos mayores se vuelve cada vez más un dato poblacional decisivo y definitivo; no obstante, con la paradójica situación de que –aunque tiene un evidente aumento cuantitativo, especialmente en términos de ciudadanía– el sistema político y social mexicano reproduce escenarios de desigualdad social, cultural y económica que afectan directamente a este sector.

Para consolidar cualitativamente a una sociedad con esperanza para una sana calidad de vida, urge que los derechos de ciudadanía estén asegurados no solamente en programas clientelares sexenales o en políticas públicas de papel, sino previendo los cambios demográficos y poblacionales; una plena diligencia de empoderamiento de los adultos mayores mediante una tecnoestructura amigable y espacios públicos que promuevan su participación en la vida pública, así como en programas de salud capaces de atender las condiciones normales del deterioro causado por la edad.

Ahora bien, para tener en cuenta un tema social de cualquier índole no basta con denunciar las deficiencias presentes tecnoestructurales, sistemáticas y políticas en las que ya se encuentra un sector de la sociedad. De hecho, ello repercute negativamente en tanto que en lugar de apoyar a disminuir la situación de lo que puede designarse como *subciudadanía* y desarrollar lo necesario para una ciudadanía plena, al adulto mayor se le estigmatiza como agente social deficitario que además conlleva un fuerte gasto económico. Esto trae como consecuencia uno de los problemas más graves que pueden designarse una de las principales causas por las que la esperanza de mejorar las condiciones de vida, en la última etapa, caen en picada y el malestar social se sistematiza: una intervención sistemática y transexenal desde un lugar fuertemente asistencialista.

Lo que sucede es que –al tratarse de personas consideradas como sujetos de derecho, indefensos y desprovistos de valor para la sociedad– las políticas públicas justifican acciones que proveen al adulto mayor de condiciones suficientes para su supervivencia, no promoviendo su desarrollo ni su participación social. Esto trae como consecuencia que el destino más común para una persona infantilizada sistemáticamente por la estructura política, es el de la custodia familiar o estatal a través de centros superficialmente entendidos para tal finalidad.

He aquí el quid del asunto, en la vida personal humana, si no se tiene cierto grado de autonomía y de responsabilidad sobre la vida familiar y social, al adulto mayor se le considera como alguien a quien hay que proveerle de todo –aunque sea de forma mínima–. Con lo que pierde no sólo condiciones de autonomía, sino además de reivindicación y dignidad.[1]

Por más que incrementen los programas clientelares y asistenciales, anteponiendo una supuesta mejora de las condiciones materiales del adulto mayor, la modernización y progreso cada vez más veloces del uso y masificación de las tecnologías de la información, en diversas extensiones del sistema social y económico, refuerzan distribuciones desiguales o sencillas, y naturalmente incrementan la brecha entre los ciudadanos alfabetos en el mundo digital y aquellas personas analfabetas de las nuevas tecnologías.

La sistematización de los procesos políticos, económicos y sociales no regresará a los mecanismos anteriores, sino que, a nivel global, la digitalización de dichos procesos –aparentemente detonadores de condiciones favorables para la constitución de derechos– supone avances de desarrollo de la ciudadanía, portando una condición básica presupuesta: un sistema educativo de calidad que logre las habilidades necesarias para que la tecnología funcione realmente como canal de inclusión e integración social.

El problema nuclear es que el Estado a lo largo de los sexenios ha retrocedido en sus resultados sobre la calidad educativa, cuyo vacío es llenado por la expansión de la educación privada, profundizando las brechas de oportunidades entre los diversos estratos, afectando la capacidad cognitiva de una sociedad rezagada, cuyo deterioro en la edad adulta ocurre de modo más veloz. Esto quiere decir que, mientras no se atienda la calidad educativa en las primeras etapas de vida, la calidad de vida de los adultos mayores no aspira a nada mejor que

---

[1]   Xavier Etxeberria Mauleon, *Autonomía moral y derechos humanos de las personas ancianas en condición de vulnerabilidad*, Naciones Unidas/Comisión Económica para América Latina y el Caribe (CEPAL), 2014 (núm. 39554).

vivir de programas asistenciales, promoviendo una rápida degeneración ante la falta de condiciones educativas que preparen a la persona para adaptarse a un mundo cambiante.

Elevar la calidad de la educación a nivel nacional y la estructura política que promueva ascender hacia grados de escolaridad mínima, aprovechando la democratización cultural gracias a las nuevas tecnologías, deben ser temas prioritarios. Esto, por supuesto, aunado a la promoción de organizaciones familiares que, aunque diversas, reconozcan la importancia del desarrollo cognitivo de cada uno de sus miembros mediante el estudio y el trabajo. Estos dos objetivos consisten en el factor preventivo de mayor relevancia para la calidad de vida de los adultos mayores.

El analfabetismo digital, aunado a la baja escolaridad, se encuentra muy relacionado con la pobreza sistémica y, en consecuencia, a la vulnerabilidad y marginación social. El problema de la calidad educativa en México provoca que los adultos mayores que crecen en áreas urbanas se vean obligados a trabajar en situaciones perecederas y poco estables, con salarios bajos que los convierte en clientes dependientes de programas sociales mínimos. Mientras tanto, los adultos mayores que han crecido en rumbos rurales, donde la calidad educativa disminuye, viven hundidos en un ciclo de indigencia y segregación que se muestra siniestro y considerablemente opuesto a lo que podría pensarse como calidad de vida y participación ciudadana en la vida pública.

No es sorpresa pensar que la calidad de vida en la etapa adulta y adulta mayor tiene una profunda y directa correlación con la calidad educativa, tanto familiar como sobre todo formal en un país; porque no hay presupuesto que alcance para una población de adultos mayores con alto grado de pérdida cognitiva, causada, entre otras cosas, por una muy baja escolaridad.

Para analizar la calidad educativa de una población se pueden seguir distintos caminos. Sin embargo, para el presente se utiliza la más básica: *los años de escolaridad formal*. Si bien no es un dato que abarque el tema por completo, resulta suficiente para llegar a conclusiones clave. Cuando se trata de datos, el grado promedio de escolaridad permite conocer el nivel de educación de una población determinada, así como el grado máximo que alcanzan a cursar las personas matriculadas en el Sistema Educativo Nacional. Para conseguirlo, se selecciona una muestra poblacional determinada y confiable, se suman los años aprobados desde primero de primaria hasta el último ciclo cursado por cada una de las personas de la muestra. Seguidamente, se fracciona entre la suma total de individuos que componen dicha población, y el resultado son los años escolares que en promedio ha estudiado ese sector poblacional.

En el caso de México, para 2021, el promedio de escolaridad de la población mayor fue de 6.5 años; considerando que la educación primaria tiene una duración de seis años, se puede decir que el promedio de escolaridad de los adultos mayores es máximo de primaria. En cuanto a la distribución del nivel de escolaridad: cinco de cada 10 personas mayores (45.9%) cuentan con algún grado de primaria o primaria completa, dos de cada 10 personas mayores (17.5%) no tienen escolaridad alguna, uno de cada 10 cuenta con algún grado en secundaria (12.5%), uno más tiene algún grado en licenciatura (10.4%), y uno (9.2%) cursó algún grado en educación media o equivalente.[2]

Ahora bien, es importante destacar que también hay una diferencia entre los niveles cognitivos de los hombres y las mujeres, dado que alrededor de la misma fecha, 18 de cada 100 mujeres declararon no saber leer ni escribir un recado, mientras que de los hombres 13 de cada 100 se dijeron en esta condición.[3] Esto indica que el analfabetismo es más común entre el sexo femenino.[4] Esto puede explicar por

---

[2] Conapo, "Día Internacional de las Personas de Edad, al 7 de mayo de 2024", Comisión Nacional de Población, 30 de septiembre de 2021. Disponible en <https://www.gob.mx/conapo/articulos/dia-internacional-de-las-personas-de-edad-284170?idiom=es#:~:text=En%20general%2C%20en%20cuanto%20al,9.2%25)%20curs%C3%B3%20alg%C3%BAn%20grado>.

[3] *Idem.*

[4] *Idem.*

qué de las cuatro de cada 10 personas mayores pertenecientes a la población económicamente activa, poco más de la mitad de los hombres con 60 años y más se encuentran trabajando o en búsqueda de un empleo (55.3%); en contraste con el 26.4% de las mujeres mayores que se declararon económicamente activas.[5] Es importante decir que entre las personas mayores que no son consideradas población económicamente activa, también existen diferencias por sexo, ya que casi la mitad de las mujeres mayores se dedican a los quehaceres del hogar (44.9%), mientras que los hombres se declaran mayormente jubilados o pensionados (58.4 por ciento).[6]

Lo primero que se puede decir de una población, cuyo promedio de escolaridad alcanza como máximo grado la educación básica primaria, es que la autonomía se puede ver seriamente afectada. Esto porque las acciones políticas no fortalecen las bases que hagan posible que las personas sean económica, social y políticamente participativas; si no todo lo contrario, afecta directamente su independencia, su capacidad de decisión y su desarrollo personal y comunitario.

En una situación global de rápida digitalización de la vida pública, las personas necesitan haber adquirido la capacidad de realizar procesos cognitivos complejos en los que se fundamenta la capacidad adaptativa a los cambios a nivel cognitivo. El tema es que dichos procesos corresponden a objetivos educativos que comienzan en los tres grados de secundaria, pero que se consolidan hasta la educación superior. Es importante aclarar que, suponiendo que se cumplieran los objetivos educativos, sin embargo, no se puede evaluar esa variable porque hace 40 años no había pruebas internacionales estandarizadas que permitieran evaluar al Sistema Educativo Nacional. Aun así, cuando hablamos de una población de adultos mayores en la que uno de cada 10 alcanzó a cursar preparatoria, y lo mismo respecto a niveles superiores; estamos hablando de una población con apenas los niveles básicos a nivel cognitivo.

---

[5] *Idem.*

[6] *Idem.*

Esto puede relacionarse con el hecho que la mitad de los adultos mayores varones sea considerada población económicamente activa y menos de la mitad de las mujeres. Esto afecta directamente la autonomía de las personas, porque las deja a expensas de los programas sociales, las pensiones y las actividades económicas informales en las que se encuentran en una situación de absoluta desprotección legal.

En este sentido se puede argüir que las políticas educativas que buscan la evaluación y la mejora sostenida de la calidad educativa, así como las políticas públicas que incentivan el curso de los grados superiores educativos, son un factor clave y urgente en la mejora de la sociedad, puesto que empodera a las personas proveyéndoles del servicio primordial para que sean capaces de desarrollar un pensamiento crítico, así como aptitudes útiles para la vida mediante habilidades cognitivas complejas.

La solución no puede venir únicamente de los gobernantes en turno. La sociedad civil y las familias necesitamos hacer un esfuerzo relevante para incluir a los adultos mayores en actividades educativas informales, como pueden ser visitas a instituciones culturales, paseos por espacios públicos y otras actividades que puedan mantener al adulto mayor integrado a la vida pública. Ahora bien, no sobra decir que para ello son urgentes las acciones políticas que mejoren la tecnoestructura que se ajuste a las necesidades del adulto mayor.

Otro factor relevante a considerar, dados los datos del bajísimo nivel educativo formal de la población adulta mayor, es su relación con el deterioro cognitivo. Es evidente que tener un bajo nivel educativo es una de las variables que más afectan el estado cognitivo. Hay que señalar que debido a que se evidencia que parte importante de la población adulta mayor presenta niveles elevados de deterioro cognitivo,[7] se incrementan sus índices de marginación y de asilamiento.

---

[7] L. A. Sailema Moreta, *Deterioro cognitivo y calidad de vida en personas de tercera edad*, tesis, Ambato, Ecuador, Universidad Tecnológica Indoamérica, 2023.

Es un hecho que "los niveles educativos de los adultos mayores son extremadamente deficitarios. Tanto es así que se estima que los adultos mayores que residen en áreas urbanas apenas han completado seis años de estudio",[8] siendo urgente utilizar los resultados de esta investigación en beneficio de los adultos mayores, reflexionando sobre cuáles son las más urgentes necesidades a nivel de la Secretaría de Educación Pública y del Sistema Nacional Educativo, con el fin de que se cumplan los objetivos educativos; pero también es un hecho de responsabilidad individual, que cada quien puede integrar a la vida familiar y comunitaria actividades que potencialicen las habilidades cognitivas de cada uno de sus integrantes, como una manera preventiva de un deterioro a futuro.[9]

La situación es clara, "más de la mitad de los países latinoamericanos mantienen a sus adultos mayores urbanos en una línea de pobreza del 30%",[10] en los que la vida más prolongada de la mujer de la tercera edad con menos años de educación formal la lleva a enfrentar mayores posibilidades de viudez, soledad, desamparo u otras tragedias. Las consecuencias de la baja calidad educativa se acentúan aún más en la medida en que las personas alcanzan la edad adulta mayor, sufriendo situaciones de inequidad social, salarial y laboral, con poco o ninguna incidencia en la participación económica.[11]

Definitivamente, la educación superior continúa siendo una variable significativa para explicar los empleos con mejor calidad; pero no sólo eso, sino que es una buena base para lograr en las personas procesos cognitivos complejos, que les hacen capaces de adaptarse a cambios tecnoestrucuturales, para lo que es indispensable adecuarse si es que se quiere participar en la vida social contemporánea. Además, la educación superior previene el deterioro cognitivo de quienes

---

[8] J. G. Guerrero Ceh, "La tercera edad: el derecho al aprendizaje a lo largo de la vida", *RIDE. Revista Iberoamericana para la Investigación y el Desarrollo Educativo*, vol. 10, núm. 20, 2020.

[9] L. A. Sailema Moreta, *Deterioro cognitivo y calidad de vida...*

[10] J. G. Guerrero Ceh, "La tercera edad: el derecho al aprendizaje a lo largo de la vida".

[11] *Idem.*

mantienen el ejercicio de sus capacidades cognitivas, mediante la participación en procesos socializadores familiares y comunitarios.[12]

Es importante destacar que la precariedad laboral a la que puede acceder un adulto que simplemente tiene cursados los niveles básicos del programa educativo, responde en muy buena medida a ser causa de la informalidad laboral en México, situación en la que subsisten grandes cantidades de personas, teniendo como consecuencia la inhabilidad de los adultos mayores para finalizar la trayectoria laboral con una pensión formal. En parte es debido a esto que los adultos mayores se mantengan, aún en edades muy avanzadas, ocupados con salarios bajos y jornadas laborales próximas e incluso ascendentes a 40 horas a la semana, lo cual supone un alto grado de vulnerabilidad:

> Las personas de la tercera edad ingresan al mercado laboral debido a que, aunque cuentan con apoyo gubernamental o familiar, el ingreso percibido no les alcanza para solventar los gastos realizados, en general, el programa de empacadores voluntarios es una oportunidad para las personas que requieren seguir trabajando para mantener un ingreso estable. En general, se pudo apreciar que las personas no sienten que sean valoradas por el trabajo que realizan, consideran que las actividades que rodean al adulto mayor en la mayoría de los casos son desmoralizadoras, una persona debe ser valorada desde la presencia de condiciones materiales y espirituales.[13]

La sociedad de adultos mayores requiere de programas oficiales asistencialistas, dado a que cada vez menos personas en estas

---

[12] L. Flores-Payán e I. A. Salas-Durazo, "Calidad del empleo en grupos socialmente vulnerables en México. El caso de los adultos mayores", *Economía, Sociedad y Territorio*, vol. 18, núm. 56, 2018, pp. 1-3.

[13] A. Pérez-Fernández y J. A. Venegas-Venegas, "Vinculación laboral en personas de la tercera edad: el caso de los empacadores voluntarios en tiendas de autoservicio", *Papeles de Población*, vol. 27, núm. 108, 2021, pp. 211-231.

condiciones son seleccionadas para ingresar a los sistemas productivos; pero la respuesta derivada de las políticas públicas no puede ser suficiente. Es importante decir que tampoco el desempeño de jornadas largas para obtener ingresos que permitan cubrir los gastos mínimos sea a lo máximo que puede aspirar la persona. Definitivamente hay una responsabilidad compartida de las comunidades y las familias para que los adultos mayores tengan parte en las actividades recreativas y también para contar con el apoyo económico que les sea posible.

En una sociedad utilitaria, en la que se le concede valor a la vida de las personas únicamente por su capacidad productiva, toda persona se ve afectada por la desventaja de una vida de trabajo de muchas horas. Sin embargo, es peor aún para aquellas personas que, simplemente por el curso natural de la vida, padecen de las enfermedades más comunes de la tercera edad: reumatismo, varices, diabetes, desgaste óseo y otras. La deshumanización en la que el trabajo y la productividad se superponen al valor de la biografía y la experiencia de cada persona dentro de una comunidad son un aspecto de la vida que el adulto mayor padece con mayor fuerza, aunque se hace presente en todas las etapas de la vida.[14]

En las sociedades tecnoestructuradas se hace cada vez más urgente, particularmente en los países subdesarrollados, lograr que la mayoría de las personas de la tercera edad dejen de ser víctimas del aislamiento y del abandono, por no poseer las bases para sumarse a la ola de digitalización. Por un lado resulta urgente, a nivel de políticas públicas, priorizar la calidad educativa, de tal modo que sea cada vez más la población mexicana que alcanza niveles de educación superior; no se diga ya, además, elevar la calidad educativa en tanto que los resultados obtenidos por los estudiantes incorporados a la

---

[14] *Idem.*

Secretaría de Educación Pública (SEP) se ajusten a evaluaciones estandarizadas internacionales.[15]

Hay que considerar que el hecho de que una persona deje de formar parte del aparato productivo o de tener una vida profesional activa, signifique que deje de formar parte de la sociedad.[16] En ese sentido, si bien es importante sumar esfuerzos para elevar el grado escolar promedio de la población, además hay que hacerlo para que la productividad no sea el único factor que intervenga en la posibilidad de participar de la comunidad. Asimismo, hay otros factores relevantes que pueden detener el deterioro cognitivo de una persona, y ello consiste primordialmente en el hecho de que existan dentro de las familias y las comunidades actividades recreativas y lúdicas, así como revalorar las experiencias pasadas, la sabiduría y todo lo que los adultos mayores son muy capaces de aportar.

---

[15] Datos que no se consideraron para la presente investigación pero que resultan muy relevantes para una posterior.

[16] Cfr., M. S. Caro, M. D. C. S. Soto y N. D. C. O. Millán, "Envejecimiento activo. Las TIC en la vida del adulto mayor", *RIDE. Revista Iberoamericana para la Investigación y el Desarrollo Educativo*, vol. 6, núm. 11, 2015.

Referencias

Caro, M. S., M. D. C. S. Soto y N. D. C. O. Millán, "Envejecimiento activo. Las TIC en la vida del adulto mayor", *RIDE. Revista Iberoamericana para la Investigación y el Desarrollo Educativo*, vol. 6, núm. 11, 2015.

Conapo, "Día Internacional de las Personas de Edad, al 7 de mayo de 2024", Comisión Nacional de Población, 30 de septiembre de 2021. Disponible en <https://www.gob.mx/conapo/articulos/dia-internacional-de-las-personas-de-edad-284170?idiom=es#:~:text=En%20general%2C%20en%20cuanto%20al,9.2%25)%20curs%C3%B3%20alg%C3%BAn%20grado>.

Etxeberria Mauleon, Xabier, *Autonomía moral y derechos humanos de las personas ancianas en condición de vulnerabilidad*, Naciones Unidas/Comisión Económica para América Latina y el Caribe (CEPAL), 2014 (núm. 39554).

Flores-Payán, L. e I. A. Salas-Durazo, "Calidad del empleo en grupos socialmente vulnerables en México. El caso de los adultos mayores", *Economía, Sociedad y Territorio*, vol. 18, núm. 56, 2018.

Guerrero Ceh, J. G., "La tercera edad: el derecho al aprendizaje a lo largo de la vida", *RIDE. Revista Iberoamericana para la Investigación y el Desarrollo Educativo*, vol. 10, núm. 20, 2020.

Pérez-Fernández, A. y J. A. Venegas-Venegas, "Vinculación laboral en personas de la tercera edad: el caso de los empacadores voluntarios en tiendas de autoservicio", *Papeles de Población*, vol. 27, núm. 108, 2021.

Sailema Moreta, L. A., *Deterioro cognitivo y calidad de vida en personas de tercera edad*, tesis, Ambato, Ecuador, Universidad Tecnológica Indoamérica, 2023.

IV

Envejecimiento saludable: una vía transitable

Tania Guadalupe Yáñez Flores

En las líneas que siguen se ofrece una evaluación sobre el acceso que la población de adultos mayores tiene a los servicios de salud en México. En la primera parte se presentan cifras oficiales que denotan un desmejoramiento del acceso a los servicios básicos de este rubro. En la segunda parte se describe la necesidad de ampliar la comprensión de la vejez y de la salud como línea directriz de una práctica que tenga como fin promover el envejecimiento saludable.

4.1. Envejecimiento de la población en México y acceso a servicios de salud

Este apartado es una exposición sumaria de los datos más importantes sobre el envejecimiento de la población y el acceso a los servicios de salud con los que cuenta el sector de adultos de 60 años y más. La composición y estructura de la sociedad mexicana padece profundas y diversas transformaciones, sin embargo, aquéllas vinculadas directamente con el proceso de envejecimiento son el aumento de la esperanza de vida y la disminución de la tasa de fecundidad.

El crecimiento del grupo de adultos mayores de 60 años y más ha sido gradual, manteniéndose constante durante las próximas décadas. Como se indicó en el primer capítulo, se prevé que la población de 60 años y más llegue a casi 36 millones de personas dentro de una población total de aproximadamente 140 millones en todo el país; y que la esperanza de vida pase de 78.5 a 82.6 años en el caso de las mujeres, y de 72.7 a 76.7 en el de los hombres.[1]

Por otro lado, la tasa global de fecundidad ha entrado en un proceso de descenso constante y a un ritmo acelerado. Esta tasa se refiere al total de hijos que tendrá una mujer en promedio al final de su vida reproductiva.[2] Mientras que en el año 2018 esta tasa fue de 2.07 hijos por mujer, en 2023 la tasa global de fecundidad de las mujeres entre 15 y 49 años fue de 1.60; esto representa el descenso señalado.[3]

Esta tasa se encuentra ya desde 2020 por debajo de 2.1, es decir, es menor que la tasa de reemplazo poblacional. Esto significa que la población en el país empezará a reducirse, y se prevé que el promedio de hijos que tenga una mujer a lo largo de su ciclo de vida en los próximos años en México no serán suficientes, ni siquiera para reemplazar a sus padres.[4] Por lo anterior, la longevidad se proyecta como el futuro del país.

---

[1] "La llamada 'esperanza de vida' de los seres humanos representa una medida promedio de las condiciones de salud global de una población. En consecuencia, *es tan variable como las condiciones sociales, económicas y culturales de las diferentes naciones*. A pesar de ello se ha transitado de una esperanza de vida de alrededor de 30 años, en la época previa a la irrupción de la modernidad, a un promedio de 70 años en el mundo contemporáneo. Sin embargo, por tratarse de un promedio, los rasgos de variabilidad entre países o regiones del mundo son muy grandes: en naciones africanas, por ejemplo, la esperanza de vida es menor a 60 años; en Japón supera los 80 [...]. *Sobrepasar los límites de longevidad depende de una gran variedad de factores*. La literatura demográfica ha documentado una fuerte correlación entre poblaciones con altos niveles de desarrollo social y mayores esperanzas de vida. La situación de dos países de la región de América Latina y el Caribe ofrece una idea muy clara al respecto: mientras Uruguay registra una esperanza de vida de 78 años, Haití reporta 64 años". V. Montes de Oca y C. Arias, "¿Es posible una vejez saludable?", *Nuevos diálogos*. (Las cursivas son mías). Disponible en <https://nuevosdialogos.unam.mx/destacados/es-posible-una-vejez-saludable/?fbclid=IwAR1Ra5w8JpGsEMVN2M1UY9ImyCfaFGrCLIS6QciSWWy6YQaydV0tuVXERAM>.

[2] Inegi, Encuesta Nacional de la Dinámica Demográfica (Enadid) 2023, Comunicado de prensa, 305/24, Instituto Nacional de Estadística y Geografía, 2024, 21. (En adelante Comunicado Enadid 2023.)

[3] Comunicado Enadid 2023, p. 1.

[4] C. Gayet y F. Juárez, "Nuevo escenario de baja fecundidad en México a partir de información censal", *Realidad, Datos y Espacio. Revista Internacional de Estadística y Geografía*, vol. 12, núm. 3, septiembre-diciembre de 2021, p. 125.

En algunas décadas el grueso de la población estará envejecida y el porcentaje de los jóvenes será mucho menor. Con esas perspectivas de futuro, es imperativo preparar políticas públicas para enfrentar las necesidades de una sociedad con esas características; pero también es importante educar en una comprensión más profunda y humana de lo que significa envejecer, ya que no son pocos los prejuicios que, asimilados social, cultural y hasta institucionalmente, promueven concebir la vejez como una situación incapacitante o, en el peor de los casos, como una enfermedad.

Se trata entonces de elaborar un diagnóstico sobre las condiciones actuales de los servicios de salud, públicos y privados, que buscan atender a un sector de la población en el que habitualmente se aumenta el riesgo de padecer enfermedades crónicas y en el que, debido a la reducción de capacidades físicas y mentales, también se incrementa la posibilidad de depender de otros para realizar actividades elementales de la vida cotidiana.[5] Esta situación exige que las instituciones prevengan la presión a la que serán sometidas por la ampliación del número de personas que requerirán sus servicios, y porque los adultos mayores vivirán más años.[6] En paralelo, impera introducir categorías en la comprensión de la vejez y la atención médica integral que no afiancen los prejuicios y estigmas en torno al envejecimiento.

Los datos censales del Instituto Nacional de Estadística y Geografía (Inegi) de 2020[7] indican que el 80% de las personas mayores están afiliadas a una institución de servicios de salud. El 53% se encuentra inscrito en el Instituto Mexicano del Seguro Social (IMSS); el

---

[5] M. López-Ortega y N. Aranco, "Envejecimiento y atención a la dependencia en México", nota técnica 1614, División de Protección Social y Salud-Banco Interamericano de Desarrollo, agosto, 2019, p. 3.

[6] También se ha detectado una relación entre la edad y la discapacidad: "En el grupo de 60 a 64 años, 39% tiene alguna discapacidad, limitación o algún problema o condición mental, mientras que en las personas de 70 a 74 años la proporción de personas en esta situación se incrementa a 55% y hasta 84% en las y los que tienen 85 años o más años". I. Kánter Coronel, "Las personas mayores a través de los datos personales de 2020", *Mirada Legislativa*, núm. 204, Ciudad de México, Instituto Belisario Domínguez, Senado de la República, junio de 2021, p. 9.

[7] Los siguientes datos se recogen por entero del análisis de Kánter Coronel.

28.4% en el Instituto Salud para el Bienestar (Insabi); el 13.3% en el Instituto de Seguridad y Servicios Sociales de los Trabajadores del Estado (ISSSTE); el 2.2% en una institución privada; el 1.9% en los servicios de Petróleos Mexicanos (Pemex), Secretaría de la Defensa Nacional o Secretaría de Marina y Armada de México; 1.4% en el ISSSTE estatal; 1.3% a otra institución, y menos del 1% en el IMSS Bienestar. Esto significa que el 20% de la población que tiene 60 años y más no cuenta con protección social en materia de salud, porcentaje equivalente a 3 millones de personas mayores.

Los mismos datos del Inegi indican que del total de personas que padecen alguna discapacidad, limitación o algún problema o condición mental, cerca de 8 millones de personas tienen 60 años o más.[8] De este grupo, 4.8 millones de las personas mayores tiene alguna limitación: pero puede ver usando lentes; oír con aparato auditivo; caminar, subir o bajar; recordar o concentrarse; bañarse, vestirse o comer, y hablar o comunicarse. Asimismo, 3.1 millones padecen alguna discapacidad que les dificulta o impide realizar actividades cotidianas con independencia. Casi 230 mil personas tienen algún problema o condición mental.[9]

Las personas a partir de los 60 años son más propensas a padecer enfermedades crónicas como diabetes y enfermedades cardiovasculares, las que suelen agudizarse a partir de los 70 años. A los padecimientos físicos se añaden también depresión, discapacidad y soledad. De acuerdo con la información del Instituto Nacional de Geriatría (Inger), hay por lo menos tres áreas que destacan en relación con los padecimientos más comunes en la tercera edad: enfermedades crónicas, salud mental y estado nutricional. Dentro de los crónicos predominan: hipertensión arterial (40%), multimorbilidad (35%) y diabetes (24.3%). En salud mental: depresión (17.6%), deterioro cognitivo

---

[8]   I. Kánter Coronel, "Las personas mayores a través de los datos personales de 2020", p. 18.

[9]   *Ibid.*, p. 9. Dentro de esta población hay personas que tienen más de una discapacidad o limitación, de ahí que la suma de personas con discapacidad, limitación y con algún problema o condición mental sea mayor a la población total en dicha situación.

(7.3%) y demencia (7.9%). En estado nutricional: obesidad abdominal (82.3%), sobrepeso y obesidad (70.2%) e inseguridad alimentaria (27.9 por ciento).[10]

Debido a distintos factores, entre ellos los avances médicos, las causas de muerte en la población y las edades en las que ocurre se han modificado. Según datos recogidos por el Inegi el rango de edad en el que se han concentrado el mayor número de defunciones en México es el de 65 y más, y "las tres principales causas de muerte tanto en mujeres como para hombres fueron las enfermedades del corazón (117 mil 987, 28.0%), la diabetes mellitus (63 mil 925, 15.2%) y los tumores malignos (48 mil 332, 11.5%)".[11] Naturalmente, debido a la pandemia en 2020 las causas de muerte se modificaron y los fallecimientos por covid-19 fueron una de las principales causas de muerte para el conjunto de la población de 65 años o más.

Otras encuestas enfocadas en el acceso a los servicios de salud ofrecen datos más precisos sobre la cantidad de personas de 60 años y más que disponen de acceso a los servicios de salud. El Consejo Nacional de Evaluación de la Política de Desarrollo Social (Coneval) recoge los datos de la Encuesta Nacional de Ingresos y Gastos de los Hogares (ENIGH) del Inegi para generar la medición multidimensional de pobreza en México. El acceso a los servicios de salud y la calidad de éstos son una de las principales variables para generar esta medición.[12]

Las estimaciones del Coneval sobre la carencia del acceso a servicios de salud a nivel nacional, del total de la población, indican que el porcentaje de personas que no contaron con acceso a estos

---

[10] Programa Institucional del Instituto Nacional de las Personas Adultas Mayores 2021-2024. Disponible en <https://dof.gob.mx/nota_detalle.php?codigo=5616097&fecha=16/04/2021 #gsc.tab=0>.

[11] I. Kánter Coronel, I., 2021, pp. 11-12.

[12] Consejo Nacional de Evaluación de la Política de Desarrollo Social (Coneval). Disponible en <www.coneval.org.mx>.

servicios pasó de 28.2 a 39.1% entre 2020 y 2022 respectivamente.[13] Eso significa que entre esos dos años *hubo un aumento en el número de personas que no contaron con servicios de salud, se pasó de 35.7 a 50.4 millones con esta carencia.* En los dos años posteriores a la pandemia de covid-19, *14.7 millones de personas más reportaron no estar afiliadas, inscritas o no tener derecho a recibir servicios de salud en una institución pública o privada.*[14] Lo que significa que entre 2018 y 2022 el porcentaje de la población que carece de acceso a servicios de salud aumentó más del doble.[15]

De los datos recogidos en esta medición destaca una relación proporcional entre el tamaño de los ingresos que percibe cada persona y el acceso a servicios de salud. Puesto que aquéllas con menores ingresos reportaron una mayor incidencia en la carencia de acceso a los servicios de salud,[16] también destaca que las condiciones de la atención médica son dispares entre las zonas rurales y urbanas. Por un lado, *en las zonas rurales el aumento del número de personas con carencia de acceso a servicios de salud fue notablemente más marcado que en las zonas urbanas, porque pasó de 30.5 a 54.8%, lo que representó pasar de 8.9 a 17.4 millones de personas. Pese a que en las zonas urbanas también hubo un aumento, la diferencia fue significativamente menor en comparación con las zonas rurales.*

---

[13] Los datos que siguen fueron recogidos de Coneval, "Documento de análisis sobre la medición multidimensional de la pobreza 2022", México, Coneval, 2023. Disponible en <https://www.coneval.org.mx/Medicion/MP/Documents/MMP_2022/Documento_de_analisis_sobre_la_medicion_multidimensional_de_la_pobreza_2022.pdf>.

[14] Actualmente hay en curso una reconfiguración institucional del sistema de salud enfocada en las personas sin seguridad social: "En marzo de 2022 se dio a conocer que el gobierno federal, de la mano del sector salud, se encontraban trabajando en un modelo integral de atención para las personas sin seguridad social operado a través del programa IMSS-BIENESTAR. A la par se firmaron convenios con distintas entidades federativas, en los cuales se menciona la transferencia de las unidades médicas estatales y la implementación del Modelo de Atención Integral a la Salud (MAIS) del programa IMSS-BIENESTAR". Coneval, "Documento de análisis… 2022", p. 44.

[15] *Ibid.*, p. 45.

[16] *Ibid.*, p. 46.

En el mismo periodo, entre 2020 y 2022, el porcentaje de la población con esta carencia pasó de 27.4 a 33.9%, lo que significó un aumento de 26.7 a 33.0 millones de personas.[17] Las marcadas diferencias entre el ámbito rural y el urbano también se reflejan en el tipo de servicio al que la población puede acceder. Mientras que el porcentaje de la población que indicó atenderse en el Instituto del Seguro Social en el entorno rural en 2022 fue del 8.1%, en el urbano fue del 20.6%; en paralelo a esto, en el ámbito rural la presencia de los servicios privados ha avanzado.

La diferencia del acceso a servicios de salud entre hombres y mujeres también es significativa. Como sucede en otros países, en México la esperanza de vida de las mujeres es mayor que la de los hombres y, como se indicó antes, se prevé que, en el caso de las mujeres, la esperanza pase de 78.5 a 82.6 años, y de 72.7 a 76.7 años en el caso de los hombres.[18] Ahora bien, debido a que una mayor esperanza de vida no implica necesariamente una mejor calidad de vida, es un dato llamativo encontrar que, paradójicamente, las mujeres que viven más tiempo lo hacen en condiciones precarias:

En la mayoría de los casos deben enfrentar solas, como viudas, y muchas veces teniendo familiares a su cargo, una vejez precaria.[19] [A esta situación] contribuyen los bajos ingresos que reciben y las malas condiciones de salud propias de la edad. De hecho, hay una fuerte inequidad de género durante las edades activas, que luego repercute en un menor ingreso en las edades avanzadas. Sobre todo, en los sistemas de pensiones de capitalización las mujeres reciben menores

---

[17] *Ibid.*, p. 47.

[18] Conapo, 2018, citado en Kánter Coronel, p. 3.

[19] J. Chackiel, "El envejecimiento de la población latinoamericana: ¿hacia una relación de dependencia favorable?", Centro Latinoamericano y Caribeño de Demografía (Celade)-División de Población, Santiago, Chile, 2000, p. 18. Disponible en <https://fiapam.org/wp-content/uploads/2015/03/cepal-chakiel.pdf>.

retribuciones por haber aportado menos, debido tanto a que han participado menos, y con interrupciones, en la actividad económica, como por el hecho de percibir menores remuneraciones que los hombres.[20]

El problema de la vejez vivida en pobreza y precariedad se acentúa, pues, para el caso de las mujeres. Pero como se describe en el apartado de este reporte relativo a la economía y la vejez, no es exclusivo de ellas. Al contrario, éste es uno de los problemas estructurales de las sociedades envejecidas.[21] Esto supone en el caso de las mujeres un problema que requiere una política pública específica: atender a un sector de la población que históricamente no ha accedido al trabajo formal, pero que ha contribuido con su trabajo, las más de las veces doméstico, al bien común, pues éste funge como el respaldo al trabajo de otros. Incentivar una dinámica de transferencias, promover el ahorro individual para la jubilación, aumentar los impuestos destinados a cubrir el sistema de pensiones son algunas de las vías que proponen quienes han reflexionado sobre ello.[22]

En consonancia con la información de las encuestas anteriores, según los datos publicados por el Inegi en la Encuesta Nacional sobre Discriminación 2022[23] se mostró que, en el ámbito de la salud, es común encontrar discriminación por edad. Este tipo de discriminación se trata del fenómeno de rechazo y trato indigno dirigido a los adultos mayores, una situación que se funda en prejuicios y estigmas

---

[20] *Idem.*

[21] Por ejemplo, Levmore destaca que pese a los esfuerzos por atenuar esta situación, un número representativo de ancianos en Estados Unidos tienen ingresos que los sitúan cerca del umbral de la pobreza y cerca del 10% de la población mayor está debajo de ese umbral. M. Nussbaum y S. Levmore, *Envejecer con sentido*, Barcelona, Paidós, 2018, p. 176.

[22] *Ibid.*, p. 185.

[23] Los resultados de la Enadis 2022 se publicaron en mayo de 2023 y se actualizaron en noviembre de 2023. Encuesta Nacional sobre Discriminación (Enadis), México, Instituto Nacional de Estadística y Geografía, 2023. Disponible en <https://www.inegi.org.mx/contenidos/programas/enadis/2022/doc/enadis2022_resultados.pdf>.

en torno a la vejez, incluida la condición de incapacidad que se les suele atribuir, y que es causa de la reducción o negación del acceso y goce a ciertos derechos.[24]

En 2022, la *Enadis* estimó que del grupo de adultos mayores de 60 años y más: el 36.3% declaró que el principal problema al que se enfrenta es que *su pensión no alcanza para cubrir sus necesidades básicas*, y el 5.7% declaró que el problema más grave que tienen es carecer de acceso a servicios de salud.[25] *El 14.4% percibió que se discrimina mucho, el 20.2% percibió que se discrimina* algo *al momento de recibir servicios de salud.*[26] Mientras que *el 42.5% manifestó que se le negó injustificadamente atención médica o medicamentos*: 46.8% fueron mujeres y 38.6% hombres.[27]

Los datos que provienen de los documentos citados sirven como instrumentos orientativos sobre los problemas públicos que requieren mayor o menor intervención, y/o para evaluar la incidencia real de las políticas implementadas. Es decir, ofrecen datos duros sobre las necesidades actuales que apremian solución. Para ello, se precisa una prospectiva integral sobre cómo cuidar y mejorar la salud de la población y, por ende, su calidad de vida. Se requiere una comprensión integral de lo que significa salud, y cómo está determinada multifactorialmente.

Como ha señalado Montes de Oca, impera comprender que la ausencia de programas preventivos incide directamente en los problemas de salud de la sociedad: "La alta mortalidad en las poblaciones –y, por ende, su baja esperanza de vida– es un reflejo de la ausencia de políticas públicas que impulsen la promoción de la salud y la prevención de enfermedades transmisibles y crónico degenerativas desde los procesos de gestación y los primeros años de vida".[28] Por otro lado, esta

---

24 *Ibid.*, p. 3.

25 *Ibid.*, p. 105.

26 *Ibid.*, p. 106.

27 *Ibid.*, p. 108.

28 V. Montes de Oca y C. Arias, "¿Es posible una vejez saludable?".

investigadora también ha señalado la necesidad de comprender que la salud es una dimensión de la vida social determinada por múltiples factores: "Una investigación realizada en México encontró que padecer hambre en la infancia puede ser un factor asociado a la enfermedad en la vejez", y que otros determinantes sociales de la salud tales como "la ansiedad crónica, la inseguridad, la baja autoestima, el aislamiento social y la carencia de control en el ambiente laboral, durante largos periodos, parecen minar la salud física y emocional de las personas".[29]

La investigadora hace énfasis en que, a pesar de todos estos factores que determinan la salud de los individuos durante las distintas etapas de su vida, es en la vejez donde naturalmente se reflejan las consecuencias de esa variedad de condiciones sociales y económicas: "El deterioro físico, mental y anímico de las personas mayores es producto de condiciones socioculturales, económicas y ambientales marcadas por la desigualdad".[30]

4.2. Envejecimiento saludable

El horizonte descrito exige pensar cada vez de mejor manera cómo poner en práctica soluciones a los problemas de un grupo etario que está creciendo, así como introducir políticas que permiten que el proceso de envejecimiento en el que se encuentra la población mexicana sea un proceso con inversión de recursos, públicos y privados –es decir, de la sociedad y de cada uno en lo individual–, destinados conscientemente a lograr una vejez saludable y plena.

Generar condiciones adecuadas para una sociedad envejecida, pero con una buena calidad de vida, requiere destacar las responsabilidades éticas y jurídicas de todos los miembros de la sociedad; esto es, exigir al Estado la mejora de los servicios de salud públicos, así como la búsqueda de la articulación de esto con las necesidades

---

[29] *Idem.*

[30] *Idem.*

de los adultos mayores, con apoyo de la iniciativa privada y las organizaciones de la sociedad civil.[31] Pese a la amplia responsabilidad y capacidad institucional, el Estado no es la única instancia responsable para involucrar a las personas mayores en lo común. La sociedad civil, como frente a otros grandes problemas, tiene una capacidad que hay que estimular.[32]

Asumir la corresponsabilidad de proveer los recursos suficientes para transitar una vía hacia el envejecimiento saludable, supone saber qué significa envejecer saludablemente y, al menos, garantizar las condiciones indispensables para que eso sea posible. Nussbaum, en el libro referido, propone, con base en el enfoque de las capacidades, unas líneas directrices para que una sociedad se comprometa a propiciar circunstancias oportunas para que todos podamos envejecer dignamente, sin miedo y con conciencia de que ese momento de la vida no sólo no sea incapacitante, sino que se transforme en un potencial autónomo, en el que es posible seguir contribuyendo al bien común.

Para que ciertas prácticas políticas aborden adecuadamente las necesidades y problemas de los adultos mayores, Nussbaum propone dos principios básicos para valorar un buen conjunto de políticas públicas responsables: *a)* debe reconocer la variedad y heterogeneidad en las vidas de las personas mayores; y *b)* debe combatir los estereotipos nocivos, evitando subestimar las capacidades de los adultos mayores para tomar decisiones y realizar distintas actividades.[33] Es decir,

---

[31] *Idem.*

[32] González señala la oportunidad que se avecina si lejos de comprender la incidencia del envejecimiento de la población en términos de productividad, acogemos esta transformación demográfica "como una oportunidad de recrear espacios y vínculos intergeneracionales, 'empleando' el talento sénior en conversaciones orientadoras de las que tanto jóvenes como mayores salen beneficiados; una manera de facilitar la experiencia de convivencia intergeneracional en un momento en que las familias, por su reducido tamaño, ya no lo hacen posible. Por esta vía, el envejecimiento nos recuerda que hay sentido más allá de las actividades estrictamente laborales". A. González, "Hacia un envejecimiento significativo", *Revista Cultural y de Cuestiones Actuales*, núm. 718, diciembre 2023-marzo 2024. Disponible en <https://nuestrotiempo.unav.edu/es/grandes-temas/hacia-un-envejecimiento-significativo?_ga=2.66054953.688463863.1718547556-920253685.1690195620>.

[33] M. Nussbaum y W. Levmore, *Envejecer con sentido*, p. 189.

para ofrecer un horizonte de políticas públicas que aspiren a promover el envejecimiento saludable, hay que pensar las potencialidades ostentadas por los adultos mayores como sujetos activos e imprescindibles dentro de las sociedades. La filósofa igualmente enlista 10 capacidades básicas que tendrían que ser centrales a la hora de elaborar e implementar políticas públicas para la vejez. De esas 10, dos están directamente vinculadas a la salud física de las personas mayores, y otras dos a lo que podemos llamar salud mental o afectiva.

En primer lugar, se trata de comprender que tener una vejez digna involucra las condiciones para disfrutar de una buena salud, en la que los cuidados médicos necesarios estén disponibles en el servicio público, pero que también exista la posibilidad de pagar y decidir con autonomía qué vía de atención elegir.[34] En segundo lugar, envejecer plenamente supone tener formas de relación personales, en las que sea posible involucrarse afectivamente con responsabilidad y reciprocidad, así como experimentar emociones positivas que impidan que la afectividad de la vida adulta esté dominada por el miedo, la inseguridad o la ansiedad. Lo central de la propuesta de Nussbaum es comprender a los mayores como sujetos capaces de implicarse activamente en diversas formas de interacción social; que les permitan estar en situaciones de igualdad con otros miembros de la sociedad más jóvenes, por ejemplo, en reuniones públicas donde se tomen decisiones en torno a intereses comunes.[35]

En ese mismo tenor, Montes de Oca insiste en que *un envejecimiento pleno y saludable involucra vivir con autonomía y seguridad, y con la posibilidad de que las personas mayores puedan ser consultadas en las tomas de decisiones que los implica*; de allí la necesidad de construir una cultura en la que se promuevan los vínculos activos y mejores relaciones entre generaciones.[36] González, por su parte, también

---

[34] *Idem.*

[35] *Ibid.*, pp. 195-197.

[36] V. Montes de Oca y C. Arias, "¿Es posible una vejez saludable?".

sugiere que *cuando se quiere pensar el autocuidado en la vejez, éste no puede limitarse al envejecimiento saludable y activo, sino que también tiene que incluir un* "envejecimiento *significativo*, que, además de estimular la participación de los mayores en la vida familiar, cultural, social, incluye también el desarrollo de recursos espirituales con los que dotar de sentido a esa última etapa de la vida".[37]

En resumen, el desenvolvimiento de una sociedad que está en vías de convertirse en una comunidad longeva, que tenga como meta generar las condiciones necesarias para propiciar el envejecimiento saludable de su población, tiene que incluir una comprensión amplia de la salud y de la vejez.

La vejez saludable no consiste sólo en la plenitud de la dimensión física u orgánica de la vida humana, que supone la disponibilidad de servicios de salud, lo que –según las cifras reportadas en el primer capítulo– es todavía una tarea pendiente para la sociedad mexicana, sino que involucra la satisfacción horizontal de otras necesidades humanas primordiales: condiciones para tener una alimentación suficiente y nutritiva, la posibilidad de contar con un sentido de vida que no se reduzca a una función dentro del mercado laboral, la promoción de condiciones sociales en las que los mayores sean parte activa de relaciones interpersonales estables y satisfactorias, entre otros.

---

[37] A. González, "Hacia un envejecimiento significativo".

Referencias

Chackiel, J., "El envejecimiento de la población latinoamericana: ¿hacia una relación de dependencia favorable?", Centro Latinoamericano y Caribeño de Demografía (Celade)-División de Población, Santiago, Chile, 2000. Disponible en <https://fiapam.org/wp-content/uploads/2015/03/cepal-chakiel.pdf>.

Coneval, "Documento de análisis sobre la medición multidimensional de la pobreza 2022", México, Coneval, 2023. Disponible en <https://www.coneval.org.mx/Medicion/MP/Documents/MMP_2022/Documento_de_analisis_sobre_la_medicion_multidimensional_de_la_pobreza_2022.pdf>.

Consejo Nacional de Evaluación de la Política de Desarrollo Social (Coneval). Disponible en <https://www.coneval.org.mx/Medicion/MP/Paginas/Pobreza_Personas_Mayores.aspx>.

Gayet, C. y F. Juárez, "Nuevo escenario de baja fecundidad en México a partir de información censal", *Realidad, Datos y Espacio. Revista Internacional de Estadística y Geografía*, vol. 12, núm. 3, septiembre-diciembre de 2021.

González, A., "Hacia un envejecimiento significativo", *Revista Cultural y de Cuestiones Actuales*, núm. 718, diciembre 2023-marzo 2024. Disponible en <https://nuestrotiempo.unav.edu/es/grandes-temas/hacia-un-envejecimiento-significativo?_ga=2.66054953.688463863.1718547556-920253685.1690195620>.

Inegi, Encuesta Nacional sobre Salud y Envejecimiento en México 2021, México, Instituto Nacional de Estadística y Geografía, 2023. Disponible en <https://www.mhasweb.org/resources/DOCUMENTS/2021/Dise%C3%B1o_Conceptual_MHAS_ENASEM_2021.pdf>.

__________, Encuesta Nacional de la Dinámica Demográfica (Enadid) 2023, Comunicado de prensa, 305/24, Instituto Nacional de Estadística y Geografía, 2024. Disponible en <https://www.inegi.org.mx/contenidos/saladeprensa/boletines/2024/ENADID/ENADID2023.pdf>.

Kánter Coronel, I., "Las personas mayores a través de los datos personales de 2020", *Mirada Legislativa*, núm. 204, Ciudad de México, Instituto Belisario Domínguez, Senado de la República, junio de 2021.

López-Ortega, M. y N. Aranco, "Envejecimiento y atención a la dependencia en México", nota técnica 1614, División de Protección Social y Salud, Banco Interamericano de Desarrollo, agosto, 2019

Montes de Oca, V. y C. Arias, "¿Es posible una vejez saludable?", *Nuevos diálogos*. Disponible en <https://nuevosdialogos.unam.mx/destacados/es-posible-una-vejez-saludable/?fbclid=IwAR1Ra5w8JpGsEMVN2M1U Y9lmyCfaFGrCLIS6QciSWWy6YQaydV0tuVXERAM>.

Nussbaum, M. y S. Levmore, *Envejecer con sentido*, Barcelona, Paidós, 2018.

Programa Institucional del Instituto Nacional de las Personas Adultas Mayores 2021-2024. Disponible en <https://dof.gob.mx/nota_detalle.php?codigo=5616097&fecha=16/04/2021#gsc.tab=0>.

Ramos, D., *Análisis de la accesibilidad a servicios de la población mayor: el caso de los consultorios adyacentes a farmacias en la Ciudad de México mediante el método de cobertura flotante de dos pasos*, tesis de maestría de Estudios Urbanos, Ciudad de México, El Colegio de México, 2019.

V
Adultos mayores y economía en México

Carlos Alberto Morales Peña

Introducción

En este apartado se abordarán los aspectos centrales sobre la relación de la vejez y la economía en México. El contenido del trabajo está estructurado en cuatro secciones. En la primera se analiza la dinámica del envejecimiento en México y la relación con el aumento demográfico en personas de la tercera edad. En la segunda se analiza la relación de la seguridad económica en la vejez y se describe su importancia para el desarrollo de una vida digna. En la tercera se explica la importancia de los bienes económicos y su relación con la calidad de vida. En la cuarta sección se hace una reflexión crítica sobre los apartados anteriores. Las tres primeras secciones son descriptivas y tienen como objetivo plantear un panorama general sobre la cuestión económica y su impacto en personas de la tercera edad, mientras que en la cuarta se hace un balance sobre las áreas de oportunidad a partir de los datos obtenidos.

5.1. ¿Por qué hablar de la vejez en México? La dinámica del envejecimiento y la vulnerabilidad

"Vejez", "ancianidad" y "tercera edad" son distintas maneras de nombrar el fenómeno en el que se expresa naturalmente la última etapa del desenvolvimiento de la vida humana. Cuando se habla de vejez, se asocia de manera inmediata el cansancio, decadencia, enfermedad, etcétera. Pero al mismo tiempo, la vejez es signo de madurez, sabiduría y de una vida larga de experiencias. La vejez está conformada por una variedad de elementos distintos de los cuales hablaremos en la cuarta sección de este apartado. Para el desarrollo de estas primeras secciones, que son más técnicas, es preciso definir a qué edad se es considerado un adulto mayor.

Para los fines prácticos de este proyecto nos remitiremos a los lineamientos establecidos por la Organización de las Naciones Unidas. Este organismo marca como punto de referencia el cumpleaños número 65 como la edad en que una persona pasa a formar parte de los adultos mayores. Este rango de edad suele usarse como referencia estándar, en algunos países hay una variación de cinco años más o menos, por lo que el parámetro suele moverse hacia los 60 o 70 años. En el caso de México la edad del adulto mayor está definida a partir de los 60 años cumplidos.[1]

El siglo XXI es el siglo de envejecimiento. Esto se debe a que la mayoría de los países en el mundo entrarán en etapas avanzadas de la transición demográfica. En el caso de México, se estima que en el año 2050 se presentarán las más altas proporciones

---

[1] El reconocimiento de las personas de la tercera edad en México es a partir de los 60 años cumplidos. En algunas fuentes de información y estadísticas se contabilizan a partir de los 65 años.

de la población con 60 o más años que han tenido registradas para el país.[2]

El crecimiento de la población de personas de 65 años y más se debe a diversos factores que tuvieron lugar en el siglo pasado, entre ellos el crecimiento demográfico en general, así como los avances médicos y tecnológicos. Estos últimos tuvieron un impacto directo en la disminución de las tasas de mortalidad y el aumento de la esperanza de vida, además del mejoramiento de las condiciones de vida.[3]

Sobre el aspecto demográfico destacan: la alta tasa de natalidad en la primera mitad del siglo xx, seguida de su continuo descenso a partir de 1960. El declive poblacional se agudizó en los 2000 con el plan de reducción de nacimientos. Tanto el descenso poblacional como la prolongación de la esperanza de vida ocasionaron que hubiese una brecha generacional que a la larga se haría cada vez más notoria: "Conforme las tasas de natalidad fueron disminuyendo en todo el mundo. El crecimiento de la población se desaceleró y comenzó el envejecimiento de la población. El envejecimiento poblacional es un fenómeno demográfico que está determinado por los patrones de fecundidad, mortalidad y migración nacional e internacional".[4]

El aumento de la longevidad que se dio a mediados del siglo pasado representó para algunos países tener que afrontar determinados retos como el subsidio de las pensiones y el acceso a programas de salud para personas de la tercera edad.

---

[2] Martha Rocío Estrada Rivera, "Aspectos de la calidad de vida desde la perspectiva del adulto mayor: ¿puede ser solo un enfoque económico?", en *Envejecimiento en México. Aspectos económicos*, México, unam, 2023, p. 157.

[3] Cfr. Coneval, *Pobreza y personas mayores en México 2020*, México, Consejo Nacional de Evaluación de la Política de Desarrollo Social, 2020, p. 2. Disponible en <https://www.coneval.org.mx/Medicion/MP/Documents/adultos_mayores/Pobreza_personas_mayores_2020.pdf>.

[4] Solís Sebastián, Antonio, "Economía y salud de las personas mayores en México: desafíos de la política pública tras la pandemia de covid-19", IX Congreso de la Asociación Latinoamericana de Población (alap), 2020, p. 3.

El censo de 2020 contabilizó un aumento en la población de las personas de la tercera edad con 15.1 millones de adultos mayores, el cual representa 12% de la población total.[5] Aunque parezca un porcentaje relativamente pequeño, éste irá en aumento en las próximas décadas. De acuerdo con el Consejo Nacional de Población (Conapo), se estima que para 2050 la cifra alcanzará los 33 millones.[6] Esto se traducirá en un aumento de más del doble de personas adultas en los próximos 25 años.

Hay que tener en cuenta que los ejercicios de proyección del desarrollo demográfico se hacen siempre considerando las dinámicas de desarrollo que tiene la población hasta el presente. ¿Qué implicaciones tiene para México el crecimiento poblacional de los adultos mayores en las próximas décadas? Las implicaciones directas se pueden traducir en la necesidad de cubrir de manera suficiente dos áreas: el sector de economía y el sector de salud. Estos dos ámbitos son muy importantes, porque tienen una correlación en la población de más de 65 años, y México no está preparado para poder afrontarlas.

El hecho de que los avances médicos hayan tenido un impacto directo en la prolongación de la esperanza de vida[7] es, sin duda, un bien. Sin embargo, este bien tiene que ser procurado y cuidado con alternativas que les permita a las personas de la tercera edad tener

---

[5]   Cfr. Inegi, Estadísticas a propósito del Día Internacional de las Personas Adultas Mayores (1 de octubre), Comunicado de prensa núm. 547/21, 29 de septiembre de 2021. Disponible en <https://www.inegi.org.mx/contenidos/saladeprensa/aproposito/2021/EAP_ADULMAYOR_21.pdf>.

[6]   Inapam, ¡Las finanzas personales no tienen edad! Guía de educación financiera para personas adultas mayores, México, Comisión Nacional para la Protección y Defensa de los Usuarios de Servicios Financieros/Instituto Nacional de las Personas Adultas Mayores. Disponible en <cuadernillo_Personas_Mayores.pdf (www.gob.mx)>.

[7]   La esperanza de vida proyectada para los próximos años es la siguiente: las personas nacidas en 2020 tienen una esperanza de vida promedio de 75 años: 78 años para las mujeres y 72 para los hombres. La proyección para las personas nacidas en 2030 es de 76 años. Para las mujeres quedaría en 79 años y para los hombres en 73. Cfr. Conapo, Proyecciones de población 2010-2050, México, Comisión Nacional de Población. Disponible en <La Secretaría General del CONAPO presenta las nuevas Proyecciones de la Población de México 2010-2050 | Consejo Nacional de Población CONAPO>.

las condiciones necesarias para poder vivir una vida digna. Cuando se llega a la edad adulta, es natural que las fuerzas para poder resistir jornadas laborales se agoten, y esto les impida poder trabajar. Por otro lado, el avance de la edad adulta hace que la persona sea más propensa a desarrollar enfermedades y padecimientos crónicos. Tal circunstancia pone al adulto mayor en un estado de vulnerabilidad dentro de la sociedad. Porque la correlación entre la edad avanzada y la fragilidad repercute en la funcionalidad y dependencia de los mayores que, a su vez, se traduce en vulnerabilidad social, desventaja económica y riesgo de salud.[8]

Conforme la persona va creciendo, la dinámica vital va cambiando, y con ello sus necesidades, poniendo a los adultos mayores en una dinámica de vulnerabilidad en relación con la economía, ya que gran parte de sus ingresos o ahorros son destinados a cuidados médicos, consultas y medicinas. La vivencia de la fragilidad en la edad adulta requiere de atención, pero muchas veces suelen relacionarse la atención y cuidados con dependencia. La dependencia es un fenómeno que abarca varias dimensiones de la vida personal del individuo, y puede ser motriz o mental, las cuales, a su vez, se encuentran relacionadas con factores sociales y familiares en los que el individuo se desenvuelve.

La dependencia que un individuo pueda llegar a desarrollar en el futuro dependerá del estilo de vida que la persona lleve a lo largo de su vida. Todo repercutirá en el futuro, por ejemplo, el tipo de alimentación, el ejercicio, el descanso, la salud psicológica, etcétera. También son importantes los lazos familiares: si la persona de la tercera edad tiene pareja, es viudo o nunca se casó, así como si tuvo descendencia o no. También es importante el factor económico, es decir, la estabilidad financiera que la persona pudo generar durante los años ejercidos como trabajador, lo que depende de varios factores: si su trabajo

---

[8] Roberto Ham-Chande, "Envejecimiento como paradigma demográfico del siglo xxi", en *Envejecimiento en México. Aspectos económicos*, p. 43.

fue formal o informal, si sus ingresos le permitieron cubrir sus necesidades básicas, si tuvo la posibilidad de ahorrar y si hubo contribuciones para su fondo de retiro, entre otros.

5.2. La seguridad económica en la vejez

La seguridad económica es fundamentalmente la capacidad financiera que una persona tiene para poder llevar una vida digna y de manera independiente. El Consejo Nacional de Evaluación de la Política de Desarrollo Social (Coneval) la explica de la siguiente manera: "La seguridad económica se define como el conjunto de mecanismos diseñados para garantizar los medios de subsistencia de los individuos y sus familias ante las eventualidades, como accidentes o enfermedades, o ante circunstancias socialmente reconocidas, como la vejez o el embarazo".[9] Para poder hablar con mayor precisión sobre la seguridad económica en la vejez, es necesario identificar cuáles son las principales fuentes de ingreso económico para las personas de la tercera edad: se trata de pagos de remesas, pensiones o jubilaciones, ahorros y donaciones.

El sentido de retribución que se hace a las personas de la tercera edad por los años trabajados debe ser considerado un pago justo, pero cabe pensar si las pensiones que actualmente tienen los adultos mayores cumplen realmente con brindar seguridad económica. Respecto a las pensiones hay que considerar que la cobertura de éstas por parte del Estado ha ido cada vez más en aumento durante los últimos años. Por lo tanto, esta cobertura ha sido de ayuda para combatir a la pobreza reduciendo el porcentaje de 42 al 28% en los últimos años.

Sin embargo, la proyección de pensiones y jubilaciones dignas en las próximas décadas serán un problema debido al desarrollo demográfico, ya que es cada vez más latente la baja en la tasa de natalidad. El decrecimiento constante de la población tendrá una repercusión

---

9   Coneval, *Pobreza y personas mayores en México 2020*, p. 24.

directa en el sistema de pensiones, porque el grueso de la población actual nació antes de los años 2000, y en las próximas décadas se marcará una brecha generacional de pocos jóvenes productivos, lo que se traducirá en la difícil situación de sostener el sistema de pensiones cuando el grueso poblacional se encuentre en la vejez.

La seguridad económica en la vejez garantiza que las personas no vivan en un estado de precariedad y vulnerabilidad, es decir, se trata de contar con los ingresos económicos suficientes que les permitan cubrir sus necesidades básicas. Según el Coneval, una persona se encuentra en situación de pobreza cuando no tiene los medios necesarios para poder afrontar uno de los seis aspectos sociales básicos tales como: rezago educativo, acceso a servicios de salud, seguridad social, calidad y espacios de vivienda, servicios básicos y acceso a la alimentación.[10]

Para el grueso de la población sólo el acceso al trabajo con salarios dignos es lo que permite poder tener seguridad en los ingresos llegada la fecha de retiro, en la medida de lo posible, sobre la base de un seguro obligatorio:[11] "las pensiones han sido definidas como medios de mantenimiento o de compensación de ingresos monetarios ante los riesgos que los trabajadores padecen a lo largo de su vida laboral (enfermedad, riesgos de trabajo, discapacidad, invalidez, vejez, muerte)"[12].

La Organización Internacional del Trabajo (OIT) define por lo menos cuatro garantías de la seguridad social:

> Acceso a la atención de salud esencial, incluida la atención de la maternidad; seguridad básica del ingreso para los niños, que asegure el acceso a la alimentación, la educación, los cuidados y cualesquiera otros bienes y servicios necesarios; segu-

---

[10] *Ibid.*, p. 18.

[11] Cfr. Patricia Berenice Ramírez López, "Pensiones en las edades 65 y más años: ¿seguridad económica o ingresos de sobrevivencia", en *Envejecimiento en México. Aspectos económicos*, p. 84.

[12] *Ibid.*, p. 79.

ridad básica del ingreso para las personas en edad activa que no puedan obtener ingresos suficientes, en particular en caso de enfermedad, desempleo, maternidad e invalidez; y seguridad básica del ingreso para los adultos mayores (OIT, 2012).[13]

Es importante no perder de vista que las pensiones no son un ahorro exclusivo del trabajador, sino que éste es un compromiso colectivo solidario, ya que el dinero cobrado al momento del retiro es lo que le permitirá subsistir los próximos años de vida.

A lo anterior, la reforma del artículo 4° de la Constitución tuvo una modificación positiva, pues los beneficios gubernamentales pasan a ser reconocidos como derechos sociales de alcance universal para las personas de la tercera edad. Dicha reforma tuvo lugar en la administración de 2018-2024. Esta reforma es positiva, ya que obliga a que las próximas administraciones consideren un presupuesto destinado a pensiones.[14]

El investigador Roberto Ham-Chande sostiene que hay una desigualdad muy marcada en las pensiones, la cual es muy difícil de sostener, ya que hay una minoría que obtiene beneficios de pensiones anticipadas y de gran monto, mientras que el resto de las pensiones (que son la mayoría) son de montos menores. Un hecho es que la insostenibilidad de la seguridad social se debe a lo oneroso de algunas pensiones privilegiadas. Se trata de convenios corporativistas generados en los años cuarenta, cuando eran los inicios de la seguridad social y que se fueron incrementando poco a poco hasta convertirse en "beneficios definidos" imposibles de cubrir.[15] Con esto surge una pregunta: ¿por qué sólo unos pocos pudieron acceder a este tipo de pensiones?

---

[13] *Ibid.*, p. 85.

[14] *Ibid.*, p. 98.

[15] *Ibid.*, p. 37.

A finales del siglo xx se iniciaron cambios radicales para adoptar un sistema de "contribuciones definidas", con los que el retiro de trabajo provenía principalmente del ahorro individual de cada trabajador, lo que dejaba toda la responsabilidad al empleado de generar capital suficiente para su retiro. Este sistema se lleva a cabo mediante instituciones financieras denominadas Administradoras de Fondos para el Retiro conocidas como Afores. Ahora bien, aunque es cierto que se reduce el monto de las obligaciones gubernamentales, ocurre también que por muchas décadas más no se cancela la inmensa deuda de quienes ya han adquirido el beneficio.[16]

A mediados del siglo pasado, quienes tuvieron la posibilidad de tener escolaridad media o superior, pudieron encontrar empleos dentro de la burocracia, o en los sectores público o empresarial. Mientras que las personas del campo, al no estar subordinadas a ninguna empresa o patrón que pudiera hacer las contribuciones, quedaron incorporadas a la seguridad social contributiva. La actividad agropecuaria era la principal actividad económica del país en los años cincuenta, y representaba el 58.4%, pero con el pasar de los años esta actividad tuvo una baja considerable.[17]

La afiliación al Seguro Social en aquel entonces no superó el 35% de quienes estaban inscritos y podrían llegar a tener un fondo para el retiro.[18] Las décadas siguientes, cuando México abrió sus puertas al sector extranjero empresarial, aumentaron la privatización de empresas y con ello los despidos y jubilaciones anticipadas. Todo esto influyó para que en 2020 sólo 22% de los adultos mayores pudieran tener acceso a una pensión como producto de su trabajo.

El Coneval, por su parte, ve una relación muy estrecha entre el acceso a la educación de quienes actualmente son adultos mayores de 65 años, que en décadas pasadas era muy restringida, y las

---

[16]   *Ibid.*, pp. 37-38.

[17]   En 2010 se contabilizó que sólo el 13.4% de la población se dedica al campo.

[18]   Cfr. Patricia Berenice Ramírez López, "Pensiones en las edades 65 y más años...", p. 88.

oportunidades laborales a las que pudieron acceder sin estudios. La situación se agrava cuando las personas no saben leer ni escribir. En 2020 se estimó que por lo menos cuatro de cada 10 adultos mayores no sabían leer. Las deficiencias escolares mínimas sólo les permitieron en su momento acceso a trabajos precarios con pocas o nulas prestaciones.[19] El desarrollo laboral que ha habido en los últimos años hace manifiesto que hay una relación directa entre las condiciones de trabajo que se obtuvieron durante la vida laboral y las pensiones por retiro. De manera que, si actualmente se tiene una preocupación auténtica sobre la proyección de pensiones, es preciso comenzar mejorando las condiciones actuales de trabajo.

Por otro lado, cuando México optó por el modelo de una economía abierta, esto supuso que empresas privadas transnacionales pudieran asentarse en México y ofertar puestos de trabajo en los que los trabajadores tuvieran que competir por salarios bajos. Estos trabajos precarizados acarrearon otros problemas, tales como la rotación constante de trabajadores, la contratación por periodos cortos, la falta de prestaciones y seguridad social. Las condiciones anteriores dieron pie para que se disparara el empleo informal.[20] De esta manera los bajos salarios y el empleo informal obligaron a que muchas personas tuvieran que migrar en búsqueda de mejores condiciones económicas.

Actualmente se han implementado programas que ayudan a afrontar el problema de la pobreza y de los empleos informales, tales como Programa Jóvenes Construyendo el Futuro (PJCF), dirigido a personas de entre 18 y 29 años para la inscripción de un empleo adscrito al Instituto Mexicano del Seguro Social (IMSS). Se reporta que en 2021 se incluyeron a 2.1 millones de jóvenes en el campo laboral.[21]

---

[19] Cfr. Coneval, *Pobreza y personas mayores en México 2020*, p. 20.

[20] En 2022 se contabilizó una tasa del 55% de empleos informales en México.

[21] Cfr. Patricia Berenice Ramírez López, "Pensiones en las edades 65 y más años…", p. 92.

Planteado este panorama es preciso conocer los números sobre las fuentes de ingreso que tienen las personas de más de 65 años. Se han identificado por lo menos tres vías mediante las que los adultos mayores tienen ingresos económicos. Se trata de pensiones o jubilaciones como producto de su trabajo, remesas económicas otorgadas por su núcleo familiar, y por último, las pensiones no contributivas, es decir, aquéllas entregadas a través de programas sociales.

Por su parte Bonnet, Furrer y Rani (2016) señalan que puede haber casos en los que las personas cuentan con seguridad social pero no con seguridad económica en la vejez, y amplía su definición señalando que la seguridad social conjugada con fuentes de ingresos provenientes del trabajo, de las rentas, los ahorros, la salud, los entornos y los servicios sociales, conforman la seguridad económica en la vejez.[22]

Los ingresos de las personas de la tercera edad, según datos del Coneval 2020, se estiman de la siguiente manera: 55.7% contaba con ingresos de pensiones no contributivas y el promedio recibido era de 1 292 pesos mensuales por persona. Un sector más pequeño de la población de la tercera edad, el 9.8%, recibía remuneraciones por trabajo subordinado promedio de 6 990 pesos mensuales por persona. Por otro lado, un tercio de los adultos mayores contaba con acceso a transferencias por pensión contributiva, las cuales daban un promedio de 7 362 pesos mensuales.[23]

En 2020 se contabilizaron 8.7 millones de personas de la tercera edad, es decir, el 73% de adultos mayores, como beneficiarios de pensión ya sea contributiva (como producto de sus años de trabajo) o no contributiva (pensiones entregadas por el gobierno). Ahora bien, esto no significa que recibir una pensión garantice la cobertura de las

---

[22] *Ibid.*, 86.

[23] Cfr. Coneval, *Pobreza y personas mayores en México 2020*, p. 35.

necesidades básicas para subsistir. Según las estimaciones del Coneval, el 42.9% de los adultos mayores recibía ingresos inferiores a la línea de pobreza; mientras que el 34.4% se encontraba en situación de pobreza.[24] La línea de pobreza por ingresos indica que la percepción económica no permite cubrir el valor de la canasta básica alimentaria y no alimentaria; entre la población menor de 65 años la cifra fue de 53.5%.[25] Las personas cuyos ingresos se encuentran por debajo de la línea de pobreza no cuentan con los ingresos mínimos para poder acceder a alimentos, bienes y servicios mínimos para satisfacer sus necesidades básicas.

La normatividad en México señala que las personas a partir de los 65 años están en edad de retirarse del mercado laboral. Sin embargo, no todas las que cumplen 65 años pueden retirarse debido a que no cuentan con los requisitos y requieren seguir laborando. Las cifras que el Coneval recaba son las siguientes: tres de cada 10 personas mayores de 65 años, en 2020, buscó trabajo, lo que equivale a 3.5 millones.[26] Muchas de las personas que siguen trabajando después de los 65 años lo hacen por necesidad y en condiciones precarias, pues muchos de esos trabajos ofrecen sueldos muy bajos y nulas prestaciones o servicios de seguridad social.[27] "Al estimar el índice de vulnerabilidad socioeconómica por entidad federativa se ubica la mayor condición de vulnerabilidad en el estado de Chiapas (45.5) [...] Les siguen en condiciones precarias, Guerrero (43.8) y Oaxaca (43.0); por el contrario, el menor nivel de vulnerabilidad se presenta en la Ciudad de México (21.9), en Nuevo León (22.2) y en Baja California (23.8)".[28]

---

[24] *Ibid.*, 37.

[25] Cfr. Isalia Nava Bolaños, Isalia, "Estudio de la seguridad económica en la vejez", en *Envejecimiento en México…*, p. 69.

[26] Cfr. Coneval, *Pobreza y personas mayores en México 2020*, p. 37.

[27] *Ibid.*, p. 34.

[28] Cfr. Granados Martínez, Abraham, "Vulnerabilidad socioeconómica en las edades avanzadas por entidad federativa", en *Envejecimiento en México…*, p. 227.

Que una persona tenga acceso a recibir una pensión contributiva actualmente depende de varios factores, entre ellos el campo laboral donde se desempeñó y la legislación de la época. Esta última, por ejemplo, es determinante. La reforma de 1997 introdujo el esquema de régimen para el retiro financiado por tres: el patrón, el Estado y el trabajador, en el que los recursos son administrados por una Afore, y la pensión destinada dependerá del monto acumulado hasta entonces. Muchas de las personas que reciben pensión actualmente pudieron retirarse con la ley anterior a la de 1997 en la que la pensión se calculaba en promedio con los últimos cinco años laborables del empleado.

> Sin embargo, en las reformas a la Ley del Seguro Social en 1997 (IMSS) y a la Ley del Instituto de Seguridad y Servicios Sociales de los Trabajadores del Estado (ISSSTE) en 2007, se hicieron cambios que advierten, por un lado, dificultades para que la actual población ocupada joven alcance una pensión contributiva al momento de su retiro y, por otro lado, que las persona con acceso a esta recibirán pensiones inferiores (en términos nominales) a las que percibe la población actualmente.[29]

En resumen, el panorama de pensiones en un futuro no tan lejano no es muy alentador: más de la mitad de empleos en México son informales, es decir, no pueden brindar un sueldo para cubrir las necesidades básicas y tampoco para estar afiliado al Seguro Social y cotizar para el retiro. Muy pocos trabajos formales ofrecen prestaciones y la posibilidad de cotizar para el retiro. Las personas que logren cotizar serán pocas y con pensiones muy bajas. El grueso de la población en 2050 seremos personas de la tercera edad sin posibilidad de sustituir por completo la fuerza laboral y los pocos que reciban pensión será muy baja.

---

[29] Cfr. Coneval, *Pobreza…*, p. 44.

Sobre las pensiones no contributivas cabe destacar que en los últimos 20 años ha habido cambios importantes en los apoyos de gobierno para los adultos mayores. En 2007 comenzó a operar el Programa 70 y más que tuvo como objetivo apoyar económicamente a personas mayores de 70 años de zonas rurales. En 2012 se hicieron modificaciones y se incorporó el requisito de no contar con pensión contributiva para acceder al beneficio. En 2013 cambia el nombre de Programa 70 y más a Pensión para Adultos Mayores y disminuye la edad para acceder al beneficio a 65 años. Con dicha reforma pudieron incorporarse también aquellos que cobraran pensiones por debajo de los 1 092 pesos.

Durante la última administración se cambió el nombre por Programa de Pensión para el Bienestar de las Personas Adultas Mayores, incrementando el monto de la pensión al doble, pasando de 1 160 a 2 550 pesos bimestrales.[30] En enero de 2024 el gobierno federal comunicó un aumento a las pensiones de 6 000 pesos bimestrales.[31] Las pensiones no contributivas representan para el adulto mayor una fuente de ingresos muy importante, ya que 55.7% de la población cuenta con estos recursos económicos. La siguiente fuente de ingresos económica es por trabajo, lo que equivale a 26.3%, 17.8% recibe apoyos de otros hogares y 3.9% recibe remesas.[32]

5.3. Los bienes económicos y la calidad de vida

Cuando se habla de calidad de vida se hace referencia a las condiciones que garantizan un desenvolvimiento pleno de la persona. En el caso de la calidad de vida del adulto mayor no puede reducirse sólo al ámbito económico o material, ya que se entrelazan muchos otros

---

[30] Cfr. *Ibid.*, 47.

[31] Cfr. Secretaría del Bienestar, "2024 inicia con aumentos a pensiones de Bienestar, anuncia Adriana Montiel", comunicado de prensa 002, 2 de enero de 2024. Disponible en <https://www.gob.mx/bienestar/prensa/2024-inicia-con-aumentos-a-pensiones-de-bienestar-anuncia-ariadna-montiel?idiom=es>.

[32] Cfr. Isalia Nava Bolaños, "Estudios de la seguridad económica en la vejez", p. 60.

factores que determinan el estado de bienestar de la persona, tales como la salud y las relaciones familiares. Sin embargo, establecer cuáles son los criterios para dar cuenta de la calidad de vida es complicado. Sobre todo, porque no sólo se puede reducir a contabilizar los recursos a los que una persona puede acceder, sino al modo en cómo las personas aprovechan dichos recursos.

Es en la década de los setenta, cuando en la Cumbre de Estocolmo, y posteriormente en la Organización de las Naciones Unidas se reafirma el sentido integral de la calidad de vida. Por su parte, la Organización Mundial de la Salud (oms) define el envejecimiento saludable como el proceso de fomentar y mantener la capacidad funcional que permite el bienestar en la vejez. Dicha capacidad funcional consiste en tener los atributos que permitan a todas las personas ser y hacer aquello que consideren importante.[33]

Los estándares que permiten tener un panorama respecto de la calidad de vida son multifactoriales. El Índice de Desarrollo Humano (idh) es utilizado como indicador para medir la calidad de vida en algunos países. "Hay muchas críticas que pueden hacérsele al idh ya que sólo considera algunas variables de un hecho que es multifactorial. Tales como bienes físicos, materiales, sociales, emocionales y de desarrollo".[34] Sobre los aspectos físicos pueden considerarse los niveles económicos de ingresos, educación, estado de salud, vivienda, seguridad social, alimentación y vestido.

Sobre los aspectos emocionales se encuentran el bienestar subjetivo, la autoestima, capacidad de adaptación y dignidad. Por el lado de los bienes sociales están las políticas públicas, programas sociales, servicios de instituciones, desenvolvimiento de la persona de la tercera edad en su entorno social. La consideración de la calidad

---

[33] Cfr. Inapam, "Calidad de vida para un envejecimiento saludable", México, Instituto Nacional de las Personas Adultas Mayores, 27 de agosto de 2021. Disponible en <https://www.gob.mx/inapam/articulos/calidad-de-vida-para-un-envejecimiento-saludable>.

[34] Cfr. Martha Rocío Estrada Rivera, "Aspectos de la calidad de vida desde la perspectiva del adulto mayor", p. 161.

de una persona implica la interrelación de las condiciones políticas, sociales, económicas y culturales, así como el aprovechamiento de los recursos por parte de cada individuo y el impacto que haya en su vida subjetiva.

En el caso del adulto mayor la relación de la calidad de vida tiene un estrecho vínculo con la salud, porque al llegar a la vejez se es más propenso a desarrollar padecimientos y enfermedades. Se tiene menos posibilidad de tener un ingreso como lo puede hacer un trabajador, pero se requiere de dinero suficiente para poder atender las carencias de salud.

Paradójicamente durante la vejez se requiere de una suma considerable de dinero importante para poder afrontar los gastos, pero las pensiones son inferiores. Se tienen más gastos en el cuidado personal y menos dinero para solventarlos, lo que los coloca en una situación vulnerable. La vulnerabilidad puede entenderse como desventaja social. Dicha situación se agrava cuando estas personas viven solas, no reciben pensión y tienen algún padecimiento físico y mental, además de que habitan en zonas donde no es posible acceder a servicios básicos como agua, luz, gas, y de alimentación y salud.

La vulnerabilidad que enfrenta la población es consecuencia de diferentes tipos de riesgos a los que se expone, los cuales están en función de las condiciones personales, familiares, socioeconómicas y políticas que pueden debilitar la capacidad de prevenir, resistir y sobreponerse a situaciones que inciden en el bienestar (González *et al.*, 2021), y que ponen en riesgo la estabilidad de las personas".[35] Debido entonces a que el grupo de la tercera edad es diverso, el fenómeno de la vulnerabilidad les afecta en función de factores sociodemográficos y económicos como la edad, el género, el grado educativo, la composición del hogar, el ciclo vital, el estatus socioeconómico, la condición de ocupación y la pobreza.

---

[35] Cfr. Abraham Granados Martínez, "Vulnerabilidad socioeconómica en las edades avanzadas", p. 217.

Es decir, la vulnerabilidad representa condiciones dinámicas y multidimensionales.[36] Si se añaden otras variables, como el tipo de localidad en el que residen las personas de la tercera edad, puede ser otro factor de la vulnerabilidad. Por ejemplo, en las zonas rurales en 2020 se tuvo registro de que vivían el 22.9% de adultos de la tercera edad, lo que equivale a 2.7 millones de personas, mientras que en la localidad urbanizada se contabilizó 77.1% de la población de la tercera edad.

Dentro de lo heterogéneo del país, quienes están en una condición vulnerable considerable son los adultos mayores indígenas: "Asimismo, históricamente la población de indígena del país se ha encontrado en condiciones de pobreza distintas a las del resto de la población. Para 2020, el 9.5% del total de personas de 65 años o más era indígena, lo que equivale a 1.1 millones".[37] Además de que la diferencia de género también incide, pues hay una esperanza de vida mayor para las mujeres en comparación con los hombres, ya en las décadas anteriores los hombres eran quienes tenían mejores posibilidades de encontrar un empleo remunerado y con prestaciones, pero al fallecer el varón, la mujer muchas veces quedaba desprotegida económicamente. La situación se agrava cuando las personas no saben leer ni escribir. El Coneval observó que cuatro de cada 10 personas de 65 años y más tienen rezago educativo.[38]

La condición de vulnerabilidad que enfrentan se puede percibir en la discriminación que padecen por edad en servicios de salud, de trabajo, en el ámbito familiar y recreativo. Es muy importante no ignorar que el maltrato en la edad adulta es una realidad y que debe combatirse. Las estadísticas sobre maltrato son pocas debido a que la mayoría de las personas mayores no denuncian los actos de violencia.[39]

---

[36] *Ibid.*, p. 218.

[37] Coneval, *Pobreza y personas…*, p. 10.

[38] *Idem.*

[39] La Encuesta Nacional sobre la Dinámica de las Relaciones en los Hogares (Endireh) 2016 estima que en México de los siete millones de mujeres mayores, por lo menos 1 200 000 habrían sufrido violencia de los siguientes tipos: emocional un millón, económica 400 000, física

En 2002 el gobierno de México publicó una ley de derechos de personas adultas mayores, que sirven de lineamientos para combatir la vulnerabilidad de la tercera edad e incluirlos dentro de la dinámica de la vida social. Por su parte, la agenda del gobierno federal del Programa Institucional del Instituto Nacional de las Personas Mayores 2021-2024 hace un análisis de las áreas prioritarias respecto de la vida de las personas de la tercera edad. En dicha agenda se proyectan tres objetivos prioritarios: 1. Promover una cultura de la vejez y envejecimiento activo y saludable con perspectiva de derechos humanos, género y no discriminación; 2. Contribuir a la reducción de la brecha de desigualdad social de las personas mayores a través de acciones orientadas al cuidado, y 3. Establecer mecanismos de coordinación con instituciones públicas, organismos privados y sociales, a fin de impulsar políticas públicas para el bienestar de las personas mayores.[40]

El gobierno federal considera importante que el Instituto Nacional para la Protección del Adulto Mayor (Inapam) en 2024 consolidara su papel rector para la conducción de políticas públicas a favor de las personas de la tercera edad, y sentara las bases para que, en el año 2040, se pueda vivir una cultura del envejecimiento activo con bienestar.[41]

5.4. La vejez es para todos

Es común considerar la vejez como una etapa de decadencia en la que las capacidades físicas se ven mermadas. Tal concepción de la vejez hace que esa etapa de la vida sea vista como un estado lejano al que no se le presta suficiente atención. Generalmente cuando se habla de vejez se hace de manera despectiva y se resalta de forma constante la pérdida de autonomía, la incapacidad de estar activo, etcétera. Por eso surge la pregunta: ¿por qué es una constante presentar la vejez como

---

88 000 y sexual 35 000. Disponible en <https://www.dof.gob.mx/nota_detalle.php?codigo=5616097&fecha=16/04/2021#gsc.tab=0>.

[40] *Idem.*

[41] *Idem.*

un periodo de decadencia y no como una etapa dorada de bienestar y sabiduría?

Hay que partir del supuesto de que toda sociedad tiene como trasfondo de su cultura un ideal de persona, y en nuestras sociedades occidentales no es la excepción. La idea de persona que subyace en el fondo de nuestra cultura contemporánea es la que identifica a la persona con sus capacidades físicas y económicas para desenvolverse de manera autónoma en la sociedad. Las sociedades contemporáneas están estructuradas en función de la productividad de los individuos. Por eso cuando las capacidades físicas y mentales van mermando con el paso de los años, se termina por excluir a las personas de la tercera edad. Pero los ancianos no son los únicos que son relegados, sino también los enfermos incurables y los discapacitados.

En una época como la nuestra, en la que se asume que el individuo tiene derecho a todo y tiene que permitírselo todo, las personas de la tercera edad, los enfermos y discapacitados opacan ese ideal de la vida humana.[42] El imaginario fantasioso del "poder hacer" va de la mano con la idea de vivir un "gran número de experiencias". La sociedad considera que las personas de la tercera edad ya no son parte de ese ideal que el resto comparte.

Vivir con límites es parte de la vida misma, pero la dinámica actual trata de ocultarlo, por eso es que los ancianos y los discapacitados son aislados, pues su presencia incomoda. Algunos asilos y hospitales son colocados en la periferia de la ciudad para no verlos y no tener que pensar en ellos. Pues ellos son la muestra de que vivir es hacerlo con límites, que lo más natural es crecer, envejecer, enfermar y morir. Ellos son la muestra de que la juventud es un espejismo y la fragilidad humana es parte de la existencia. En una sociedad que ha puesto como parámetros el dinero, el éxito y la meta de vivir una multiplicidad de placer, hablar de estos temas resulta incómodo e incluso se convierten en temas tabúes, pues las personas con enfermedades,

---

[42] Greshake, Gisbert, *Por qué el Dios del amor permite que suframos*, Salamanca, Sígueme, 2014, p. 108.

discapacidades y los ancianos pueden llegar a ser vistos como individuos que opacan, oscurecen y perturban el ideal de una vida plena en que la fragilidad no tiene lugar.

Son ellos quienes nos recuerdan de manera constante que se "lucha", y que existir es estar expuesto a dinámicas que no dependen de nuestra voluntad: "En consecuencia, la persona que está visiblemente limitada (el enfermo, el discapacitado, el viejo, el moribundo) se halla en oposición diametral a las fantasías de omnipotencia de la sociedad moderna. Precisamente por eso los dolores, las enfermedades, las discapacidades, o sea, todo lo que limita se reprime a los márgenes y, si es posible, se le hace desaparecer".[43]

Las personas de la tercera edad nos recuerdan que la vida misma conlleva límites y que no se puede vivir de manera plena si no se acogen e integran dichos límites en los diferentes ámbitos: en el personal, familiar y social. Los ancianos nos recuerdan que el ideal de "la juventud perpetua" es un imposible y, por lo tanto, no puede ser su cumplimiento la plenitud de vida. Ese ideal deja de lado el sentido de criatura y de finitud que nos conforma, y que es imposible de apartar. Ser criatura es estar en el mundo a expensas de padecer.

Las personas de la tercera edad confrontan de manera provocativa a la sociedad. Pero la sociedad al percatarse de que no puede hacerle frente a las limitaciones de la vida opta, generalmente, por apartar en lugar de acoger: "Las personas con discapacidades nos estorban porque nos recuerdan nuestra propia limitación, nuestra dependencia, nuestra importancia incluso; porque advierten de que el hombre no puede encontrar su satisfacción y el sentido de su vida en él mismo, sino que depende de los demás".[44]

El hecho de que se vean la vejez, la discapacidad y las enfermedades como un mal, se debe a que no se ha educado con la suficiencia sobre el sentido de las limitaciones y la fragilidad como un fenómeno

---

[43] *Idem.*

[44] *Ibid.*, 112.

que nos acompaña en todas las etapas de la vida. Una educación que atienda el sentido profundo de la fragilidad debería integrar estos fenómenos, y desde ellos plantear un panorama más amplio sobre la dignidad de la vida. La fragilidad de la propia vida es provocadora en el fondo, pues ella implica un sentido de correspondencia con el otro. De ahí que un sentido de vida plena y auténtica implica un conocer, atender y acoger la propia condición humana frágil con los otros.

Referencias

Coneval, *Pobreza y personas mayores en México 2020*, México, Consejo Nacional de Evaluación de la Política de Desarrollo Social, 2020, 2. Disponible en <https://www.coneval.org.mx/Medicion/MP/Documents/adultos_mayores/Pobreza_personas_mayores_2020.pdf>.

Estrada Rivera, Martha Rocío, "Aspectos de la calidad de vida desde la perspectiva del adulto mayor: ¿puede ser sólo un enfoque económico?", en *Envejecimiento en México. Aspectos económicos*, México, UNAM, 2023.

Granados Martínez, Abraham, "Vulnerabilidad socioeconómica en las edades avanzadas por entidad federativa", en *Envejecimiento en México. Aspectos económicos*, México, UNAM, 2023.

Greshake, Gisbert, *Por qué el Dios del amor permite que suframos*, Salamanca, Sígueme, 2014.

Ham-Chande, Roberto, "Envejecimiento como paradigma demográfico del siglo XXI", en *Envejecimiento en México. Aspectos económicos*, México, UNAM, 2023.

Inapam, "¡Las finanzas personales no tienen edad! Guía de educación financiera para personas adultas mayores", México, Comisión Nacional para la Protección y Defensa de los Usuarios de Servicios Financieros/Instituto Nacional de las Personas Adultas Mayores. Disponible en <cuadernillo_Personas_Mayores.pdf (www.gob.mx)>.

Inegi, "Estadísticas a propósito del Día Internacional de las Personas Adultas Mayores (1 de octubre)", Comunicado de prensa núm. 547/21, 29 de septiembre de 2021. Disponible en <https://www.inegi.org.mx/contenidos/saladeprensa/aproposito/2021/EAP_ADULMAYOR_21.pdf>.

Nava Bolaños, Isalia, "Estudio de la seguridad económica en la vejez", en *Envejecimiento en México. Aspectos económicos*, México, UNAM, 2023.

Ramírez López, Patricia Berenice, "Pensiones en las edades 65 y más años: ¿seguridad económica o ingresos de sobrevivencia", en *Envejecimiento en México. Aspectos económicos*, México, UNAM, 2023.

Secretaría del Bienestar, Programa Institucional del Instituto Nacional de las Personas Adultas Mayores 2021-2024. Programa derivado del Plan Nacional de Desarrollo 2019-2024. Disponible en <https://www.dof.gob.mx/nota_detalle.php?codigo=5616097&fecha=16/04/2021#gsc.tab=0>.

Solís Sebastián, Antonio, "Economía y salud de las personas mayores en México: desafíos de la política pública tras la pandemia de covid-19", IX Congreso de la Asociación Latinoamericana de Población (ALAP), 2020.

VI

La mirada de la Iglesia sobre los ancianos Contemplar la sabiduría y la belleza de la vida

José Luis Íñiguez García

"La vejez es una de las cuestiones más urgentes que la familia humana está llamada a afrontar en este tiempo. No se trata sólo de un cambio cuantitativo; está en juego la *unidad de las edades de la vida*: es decir, el real punto de referencia para la comprensión y el aprecio de la vida humana en su totalidad".

Francisco

La Iglesia es madre de los creyentes, no sólo de algunos, sino de todos. Su mirada maternal e institucional se posa sobre todos sus hijos con el fin de transmitir la misericordia divina a través de su caridad y de su doctrina; también para descubrir las necesidades de estos hijos para que, con la ayuda de la auténtica caridad, puedan ser socorridas. La mirada de la Iglesia sobre sus hijos ancianos, este "nuevo pueblo" como lo llama el papa Francisco, pone de relieve ante las sociedades del mundo la urgencia de vivir una auténtica inclusión y comunión, ya que, en ellos, descubre un gran aspecto de la sabiduría de la vida capaz de embellecer la vida de las nuevas generaciones.

En este artículo resaltaremos tres temas específicos e intentaremos presentar algunas ideas clave para el desarrollo de una adecuada pastoral para los ancianos. Parece plausible que la mejor forma de seguir estos tres temas es a través de una óptica que llamaré "histórica",[1] debido a que en ella observamos el pasar del tiempo, y en él consideramos la experiencia y el aprendizaje recibido y compartido, la intensidad de la relacionalidad en las diferentes etapas de la vida y un largo etcétera.

Esta óptica no es sólo una invitación para quien mira la ancianidad como una etapa lejana de la vida, sino también para aquellos que ya la viven con más o menos intensidad. De tal manera que para unos será un método prospectivo que mira hacia adelante, y para otros un método retrospectivo que evalúa mirando hacia el pasado. A propósito, menciona Benedicto XVI: "La vida es un don único, en todas sus etapas, desde la concepción hasta la muerte natural, y Dios es el único para darla y exigirla. Puede que se disfrute de buena salud en la vejez; aun así, los cristianos no deben tener miedo de compartir el sufrimiento de Cristo, si Dios quiere que luchemos con la enfermedad".[2]

Esta óptica histórica nos lleva a considerar a la vida como don único, y nos ayuda a no caer en el error de juzgar la vida por etapas de productividad, de felicidad, de sociabilidad. Por lo tanto, creemos que esa óptica es cierta visión de conjunto que recorre toda la vida con la intensidad de la luz divina que interpreta de manera justa el magisterio de la Iglesia.

Los temas de los que haremos un desarrollo reflexivo son los siguientes: *la dignidad de la persona en la ancianidad, los carismas en la vejez y algunas consideraciones del magisterio de los últimos tres pontífices.* Con estos tres temas específicos queremos, sobre todo, hacer notar la reflexión y la acción amorosa que ya ha tenido la Iglesia sobre estos hijos suyos, particularmente en el siglo XXI.

---

[1] Podría decir que esta –óptica histórica– es el método del presente artículo con el que recorreremos los tres temas que hemos enunciado: *la dignidad de la persona, los carismas en la vejez y algunos obstáculos que se presentan en esta etapa para una auténtica inclusión.*

[2] Visita a los ancianos en la residencia San Pedro, Londres, Borough of Lambeth, 18 septiembre de 2010.

Para hablar sobre la dignidad de las personas ancianas, nos basaremos en las acepciones de dignidad (ontológica, moral, social y existencial) que identifica el reciente documento del "Dicasterio para la Doctrina de la fe: *Dignitas infinita*".[3]

Después, en el segundo tema, sobre los carismas en la ancianidad, nos serviremos, sobre todo, de un documento del entonces Pontificio Consejo *Pro Laicis* de 1998, que resalta la gratitud, la memoria, la experiencia, la interdependencia y la visión más completa de la vida como carismas propios de la ancianidad.

Finalmente, presentaremos algunas consideraciones específicas de los últimos tres pontífices. En este apartado se señalarán algunas ideas clave para el desarrollo de pastoral adecuado para atender a nuestros hermanos ancianos.

6.1. La dignidad de la persona anciana

> "Te levantarás delante del anciano, y serás respetuoso
> con las personas de edad. Así temerás a tu Dios.
> Yo soy el Señor" (Lev. 19, 32).

Si nosotros habláramos en abstracto diciendo que la "ancianidad" tiene cierta dignidad, seguramente que no llegaríamos a buen puerto. Por esto es mejor referirnos a la dignidad de las personas que han llegado a la ancianidad. Su dignidad radica en lo que son y no en la consideración de la etapa en la que se encuentran. Esto implica tener una sana visión antropológica, y la que parece más adecuada es la que presenta la Iglesia. En palabras de san Pablo VI: "Ninguna antropología iguala a la antropología de la Iglesia sobre la persona humana, incluso

---

[3] "Dicasterio para la Doctrina de la fe: Dignitas infinita", Santa Sede, 2024. Disponible en <Declaración del Dicasterio para la Doctrina de la Fe "Dignitas infinita sobre la dignidad humana (vatican.va)>.

considerada individualmente, en cuanto a su originalidad, dignidad, intangibilidad y riqueza de sus derechos fundamentales, sacralidad, educabilidad, aspiración a un desarrollo completo e inmortalidad".[4]

La visión antropológica de la Iglesia es una que no parte de una observación cultural o social, sino de la Revelación de Dios. Por lo tanto, es una visión que procede de la comunión de amor que existe en la Santísima Trinidad. Por decir de un modo, es una visión descendente por el hecho de ser iluminada y, al mismo tiempo, es ascendente, por el hecho de ir configurándose con aquello que le es revelado. Es una visión antropológica que procura mirar el primer principio y el fin último del hombre. Ambos extremos se identifican, es Dios.

Esta visión no nos permite considerar a la persona como un medio relativo para conseguir cierto tipo de fines, como algunas antropologías materialistas o inmanentistas lo hacen, sino que nos hace mirar a la persona como fin en sí misma, con una dignidad altísima que le ha sido dada. Esto significa que no ha sido la persona quien se ha esforzado por adquirirla. La ha recibido.

Para hablar sobre la dignidad humana y, en este caso de las personas ancianas, nos fijaremos en las acepciones que hace el reciente documento del Dicasterio para la Doctrina de la Fe, *Dignitas infinita*, porque parece fundamental conocerlas y distinguirlas para una reflexión más adecuada y liberarla de malentendidos y reduccionismos.[5]

---

[4] Audiencia general, 4 de septiembre de 1968.

[5] Cfr. "Dicasterio para la Doctrina de la fe: *Dignitas infinita*", 27. Aunque en la actualidad existe un consenso bastante general sobre la importancia e incluso el alcance normativo de la dignidad y el valor único y trascendente de todo ser humano, la expresión "dignidad humana" a menudo corre el riesgo de prestarse a muchos significados y, por tanto, a posibles malentendidos y "contradicciones que nos llevan a preguntarnos si verdaderamente la igual dignidad de todos los seres humanos [sea] reconocida, respetada, protegida y promovida en todas las circunstancias". Todo esto nos lleva a reconocer la posibilidad de una cuádruple distinción del concepto de dignidad: *dignidad ontológica, dignidad moral, dignidad social* y finalmente *dignidad existencial*.

6.1.1. Una dignidad ontológica

San Juan Pablo II, al hablar de la dignidad de la persona mencionaba lo siguiente: "La dignidad humana es un valor evangélico que no puede ser despreciado sin grande ofensa al Creador".[6] Esto significa que, al ser un valor evangélico, es revelada por Jesucristo. Es Dios quien le muestra al hombre la grandeza de su dignidad: *Ser creado a imagen y semejanza de su Creador* (cfr. Gn. 1,26). El desprecio por la dignidad de la persona es una ofensa a Dios de quien es imagen y semejanza.

La dignidad ontológica de la persona es donde radica el sentido más importante de su ser ya que "por el mero hecho de existir y haber sido querida, creada y amada por Dios su dignidad no puede ser nunca eliminada y permanece válida más allá de toda circunstancia en la que pueden encontrarse los individuos" (cfr. DI, 27). Podríamos decir que esta dignidad ontológica está al inicio, pero no se queda allí, sino que es el fundamento de las otras dignidades (moral, social y existencial). Esta dignidad no se puede perder, como no se puede perder el ser.

Al entender la dignidad ontológica como aquello más profundo del ser, no puede radicar en las acciones o en las operaciones individuadas, de tal manera que las personas ancianas y cualquier persona que perdiera su capacidad de movimiento, de ilación de ideas, de memoria o quedará en postración, no pierde esta dignidad. "Una dignidad infinita, que se fundamenta inalienablemente en su propio ser, le corresponde a cada persona humana, más allá de toda circunstancia y en cualquier estado o situación en que se encuentre. Este principio, plenamente reconocible incluso por la sola razón, fundamenta la primacía de la persona humana y la protección de sus derechos" (DI, 1).

---

[6]   S. Juan Pablo II, "Discurso a la III Conferencia General del Episcopado Latinoamericano", 28 de enero de 1979.

Es cierto que, al considerar a la persona en la etapa de ancianidad, hemos de tomar en cuenta que las necesidades cambian, las fuerzas y la salud disminuyen, crece la dependencia y, a veces, el ánimo decae. Aunque estas cosas sean así, la dignidad no radica en estos elementos, sino en la persona que es imagen y semejanza de Dios y, por lo tanto, estas y otras necesidades han de ser atendidas desde la caridad.

6.1.2. Una dignidad moral

Nuestro documento guía para este apartado nos deja claro que la dignidad moral se refiere "al ejercicio de la libertad por parte de la criatura humana. Esta última, aunque dotada de conciencia, permanece siempre abierta a la posibilidad de actuar contra ella. Al hacerlo, el ser humano se comporta de un modo que 'no es digno' de su naturaleza de criatura amada por Dios y llamada a amar a los otros" (DI, 7). Si bien es cierto que la dignidad moral se refiere al ejercicio de la libertad, no por ello hemos de pensar en un "buen ejercicio" de la libertad, también, como dice el documento, se puede ir en contra de la dignidad. Conviene que en este punto nos preguntemos: *¿los factores sociales, económicos, sanitarios, familiares y educativos convergen en promover y defender la dignidad moral de las personas ancianas? ¿No serán facilitadores de la anulación o disminución de esta dignidad?* Nos parece que las respuestas son muchas y variadas. En el presente reporte el lector encontrará los cauces adecuados para una reflexión seria sobre las preguntas apenas hechas.

Ir en contra de la dignidad moral de las personas ancianas es conducirlas a un descarte radical. En palabras del papa Francisco: "el riesgo de ser descartados es aún más frecuente: nunca tan numerosos como ahora, nunca el riesgo como ahora de ser descartados. Los ancianos son vistos a menudo como un 'peso'. En la dramática primera parte de la pandemia fueron ellos los que pagaron el precio más alto. Ya eran la parte más débil y descuidada: no los mirábamos demasiado en vida, ni siquiera los vimos morir".[7] Estas palabras del Papa nos hacen pensar que no necesariamente se ataca a la persona anciana y a su dignidad, cuando se procura un mal objetivo, sino que se les hace un verdadero mal cuando no hay un cuidado, una auténtica promoción y atención por su dignidad; cuando no somos cercanos a las personas y a sus necesidades.

Ya las dos acepciones de dignidad que hemos evidenciado, la ontológica y la moral, nos ofrecen las herramientas para distinguirlas y, comprender que, la dignidad ontológica no puede ser anulada a diferencia de la dignidad moral, por lo tanto, ha de trabajarse a nivel personal, institucional y social para que aquellos que han hecho el mal, cambien y se abran a una auténtica conversión (cfr. DI, 7).

6.1.3. Una dignidad social

Al pensar en una dignidad social, naturalmente nos imaginamos el bienestar de nuestra relacionalidad con otras personas, con instituciones, con el mundo laboral, etcétera. Propiamente el documento del "Dicasterio de la Doctrina de la Fe" se refiere a la dignidad social de la siguiente manera: "cuando se habla de las condiciones en las que vive una persona" (DI, 8). Las condiciones son muchas y variadas. El lector podrá acercarse a algunas de estas condiciones en las que viven las personas ancianas en México, a través de este reporte anual sobre la familia.

La Conferencia del Episcopado Mexicano (CEM), en el Proyecto Global de Pastoral (PGP, 2031-2033),[8] ha identificado algunas opciones pastorales como generadoras de esperanza. Esta identificación, en buena parte, se debe a saber mirar las condiciones indignas o no, en las que se encuentran las personas. El documento sobre la dignidad humana refiere lo siguiente: "Cuando no se dan las condiciones

---

[7] Audiencia, 23 de febrero de 2022.

[8] Cfr. Proyecto Global de Pastoral (PGP 2031-2033). Disponible en <https://pgp.org.mx/proyecto-global-de-pastoral/>. Consultado el 14 de junio de 2024.

mínimas para que una persona viva de acuerdo con su dignidad onto-lógica, se dice que la vida de esa persona pobre es una vida 'indigna'. Esta expresión no indica en modo alguno un juicio hacia la persona, al contrario, quiere destacar el hecho de que su dignidad inalienable se contradice por la situación en la que se ve obligada a vivir" (DI, 8).

Las opciones pastorales que identificaron los obispos de México son las siguientes: *por una Iglesia que anuncia y construye la dignidad humana; por una Iglesia comprometida con la paz y las causas sociales; por una Iglesia pueblo; por una Iglesia misionera y evangelizadora; por una Iglesia comprometida con la paz y las causas sociales y por una Iglesia que comparte con los adolescentes y los jóvenes la tarea de hacer un país lleno de esperanza alegría y vida plen*a.

Dentro de cada una de estas opciones se han presentado compromisos pastorales concretos, y donde nos parece que han sido consideradas las personas ancianas es en el tercer compromiso de la opción *por una Iglesia pueblo*: abrir más espacios para una Iglesia pueblo, una Iglesia incluyente donde se acoja con misericordia a: esposos vueltos a casar, homosexuales, madres solteras, *ancianos*, indigentes y migrantes, entre otros.[9] Tal parece que la conferencia de los obispos mexicanos, a través de la predicación de la palabra de Dios, está haciendo un llamado urgente a vivir y a promover la dignidad social.

6.1.4. Una dignidad existencial

Esta es la última de las acepciones que presenta el documento *Dignitas Infinita*, con ella se refiere "a situaciones de tipo existencial: por ejemplo, al caso de una persona que, aun no faltándole, aparentemente, nada de esencial para vivir, por diversas razones, le resulta difícil vivir con paz, con alegría y con esperanza" (DI, 8). Estas personas suelen ser las más olvidadas o marginadas por la sociedad, normalmente son los ancianos. Si pensamos en ello, no podemos imaginar

---

[9]   *Idem.*

que son pocos, ahora cito al papa Francisco: "Desde hace algunos decenios, esta edad de la vida concierne a un auténtico 'nuevo pueblo' que son los ancianos. Nunca hemos sido tan numerosos en la historia humana".[10]

La dignidad existencial es algo de lo que hemos de ocuparnos con eficiencia en comunión con todos los agentes sociales. Parece que, si pasamos de largo la consideración de esta acepción, estaremos normalizando algunas psicopatologías, sobre todo de la depresión y de la ansiedad en las personas en general, pero en particular en los ancianos.

Las condiciones existenciales adecuadas, de acuerdo con una antropología cristiana, han de ser aquellas que faciliten la conciencia, la experiencia, la defensa y la promoción de las otras dignidades: *ontológica, moral y social*. Con las condiciones adecuadas será más fácil descubrir la belleza que la vejez contiene y valorar los carismas que a continuación vamos a presentar.

6.2. Los carismas de la vejez

La belleza de la vejez tiene que ver con los carismas que en esta etapa se viven. Esos carismas no sólo se viven por quienes han llegado a esa etapa, sino que han de ser valorados por el resto de la sociedad. El documento titulado "La dignidad del anciano y su misión en el mundo"[11] es un esfuerzo que ha hecho el entonces *Pontificium Consilium Pro Laicis* por resaltar la belleza de las personas ancianas. Nosotros nos ocuparemos en esta parte del artículo de mencionar los carismas que el documento destaca.

---

[10] Audiencia, 23 de febrero de 2022.

[11] "La dignidad del anciano y su misión en el mundo", Consejo Pontificio para los Laicos, octubre de 1998. Disponible en < La dignidad del anciano y su misión en la Iglesia y en el mundo (laicos.va)>.

Los carismas que destaca el documento son cinco: *la gratuidad, la memoria, la experiencia, la interdependencia y la visión más completa de la vida.*

En lo que refiere al carisma de la gratuidad[12] dice: "La cultura dominante calcula el valor de nuestras acciones según los parámetros

---

[12] Esta nota al pie que, aunque un poco extensa, me parece nos ayuda a entender en un sentido más amplio la palabra gratuidad. "Es el carácter de aquello que nace, de modo incondicional y libre, de una iniciativa sobreabundante. Es gratuito el amor de Dios (creación, elección), plenamente revelado en Cristo (redención) y proprio también de los cristianos (cfr. caridad). Existe también una posible perversión de la gratuidad". En la tradición bíblica y cristiana el primer acto de gratuidad por parte de Dios es la creación misma. La *creatio ex nihilo* se debe únicamente al deseo de comunicar generosamente la propia bondad (cfr. 2 M 7, 28; Rm 4,17; *Concilio Laterano* IV, DS 800). El acto creador sucede con una decisión soberanamente libre (*Liberrimo consilio*, según la expresión del *Concilio Vaticano I*, DS 3025). La gratuidad de la creación es el encuentro entre la plenitud de la bondad de Dios omnipotente y la radical contingencia de la criatura. Otra manifestación de total gratuidad, según las Escrituras, es toda la historia de Israel: su elección, su redención de la esclavitud, el don de la Torah y la entrada en la tierra prometida. El libro del Deuteronomio reitera la desproporción entre el don concedido por Yhwh y el beneficiario humano (cfr. Dt 7,7; 6,11; 9,5).

En el NT brilla con aun más fuerza la gratuidad de la iniciativa divina. Gratuita es la revelación de Dios y de sus misterios (cfr. Mt 11,26-27; Lc 11,32), como también la elección de los apóstoles primero (cfr. Mc 3,13; Jn 15,16), y después la Pascua de Jesús (cfr. Rm 1,1). Es Dios quien nos amó primero (1 Jn 4,19), entregándonos su Hijo (Rm 8,32), cuyo amor consiste en morir por nosotros, malvados y pecadores (Rm 5,6-8).

"Tal es el Evangelio de la gratuidad de la salvación y de la justificación (cfr. Rm 3,24; 2 Tm 1,9). A todos los testigos escogidos se les encomienda el tesoro del Evangelio, del que nadie nunca podrá llamarse digno (cfr. 2 Co 4,1.7). Más bien: las dos 'columnas' de la historia de la Iglesia, Pedro y Pablo, están personalmente marcados por la experiencia de la gratuita misericordia de Cristo (cfr. p.e. Jn 21,15ss., e 1 Co 15,10; UUS 91). El fiel y gratuito testimonio se transforma en una natural incumbencia para los apóstoles (cfr. Mt 10,8; 1 Co 9,18; 11,7).

"A la experiencia del amor gratuito de Dios (cfr. Lc 6,35) y preferencial por los pecadores (cfr. Lc 15; 19,1-10) debe responder el agradecimiento humano del saberse beneficiado de un don no merecido (cfr. la pecadora perdonada Lc 7,36-50). Tal reconocimiento se difunde hasta la conversión y la reparación del mal cometido (cfr. *Zacarías*, Lc 19,8). El pecado más grave es precisamente la falta de percepción del don gratuito recibido (cfr. el siervo despiadado, Mt 18,23-35).

"Al contrario, si ya el AT había intuido la belleza de la gratuidad: (cfr. Si 7,33-34: 'La gracia (*cháris*) de tu dádiva llegue a todo viviente, ni siquiera a los muertos rehúses tu gracia. No te rezagues ante los que lloran, y con los afligidos muéstrate afligido)', tanto más el NT propugnará el amor sin condiciones: 'Si amáis a los que os aman, ¿qué mérito tenéis (*cháris*)? Pues también los pecadores aman a los que los aman. Si hacéis el bien a los que os lo hacen a vosotros ¿qué mérito tenéis? ¡También los pecadores hacen otro tanto! Si prestáis a aquellos de quienes esperáis recibir, ¿qué mérito tenéis? También los pecadores prestan a los pecadores para recibir lo correspondiente.

de una eficiencia que ignora la dimensión de la gratuidad. El anciano, que vive el tiempo de la disponibilidad, puede hacer caer en la cuenta a una sociedad "demasiado ocupada" la necesidad de romper con una indiferencia que disminuye, desalienta y detiene los impulsos altruistas".[13]

Por gratuidad podemos entender, como lo refiero en la nota al pie anterior, "el carácter de aquello que nace, de modo incondicional y libre, de una iniciativa sobreabundante". Las personas ancianas que viven el carisma de la gratuidad ayudan verdaderamente a la sociedad a entrar en una vida fuera de un esquema pragmático y utilitarista. La gratuidad con la que una persona anciana podría vivir nos humaniza y hace que recobremos el sentido más genuino de nuestras relaciones más importantes: con Dios, con los otros y con el mundo. Gratuidad no es el mero agradecimiento, sino la conciencia y la comprensión de que la vida es un don inmerecido.[14]

El siguiente carisma, la memoria. No nos referimos a la memoria no sólo como una facultad del intelecto, sino a algo más. Nos referimos, como cita el documento, "al sentido de la historia".[15] En la relación con las personas ancianas podemos descubrir el sentido de la historia que nos circunda: los aciertos y los errores. Si como sociedad perdiéramos

---

"Más bien, amad a vuestros enemigos; haced el bien y prestad sin esperar nada a cambio (*mêden apelpízontes*); y vuestra recompensa será grande, y seréis hijos del Altísimo, porque él es bueno con los ingratos y los perversos' (Lc 6,32-35). En concreto esto se manifiesta en el perdonar como se ha sido perdonados y beneficiando a todos, sin distinción, sin ninguna acepción de persona (cfr. St 2,1 y ss.). Forma parte de la gratuidad evangélica también el "malgastar" las cosas más preciosas para el Señor, como hizo la mujer de Betania (cfr. Mc 14,4) y como en la tradición ininterrumpida de la Iglesia lo hacen las personas consagradas (cfr. VC 104).

"El amor por la verdad exige que se mencione también el lado oscuro de la gratuidad. *Corruptio optimi pessima*. Así como la gratuidad evoca la libertad, la iniciativa y la sobreabundancia en el bien, así la gratuidad del mal, el odio, la crueldad, el sadismo son una respuesta trágica del perverso giro del más grande amor. Se encuentra en esto un signo inequívoco de la existencia del demonio ("me han odiado sin razón [*dôrean*]", Jn 12,25)". C. L. Rossetti, "Clave conceptual: gratuidad", *Catholic.net*. Disponible en <https://es.catholic.net/op/articulos/42845/cat/414/clave-conceptual-gratuidad.html#modal>. Consultado el 14 de junio de 2024.

13 "La dignidad del anciano y su misión en el mundo", octubre de 1998.

14 Cfr. Benedicto XVI, 18 de septiembre de 2010.

15 Cfr. "La dignidad del anciano…".

el sentido histórico que nos legan los ancianos, obstaculizaríamos la relación intergeneracional y pondríamos en riesgo la identidad familiar y personal. Cito a continuación al papa Francisco:

> Es necesario el diálogo entre generaciones: si no hay diálogo entre jóvenes y ancianos y adultos, si no hay diálogo, toda generación permanece aislada y no puede transmitir el mensaje. Un joven que no está vinculado a sus raíces, que son los abuelos, no recibe la fuerza y crece mal, crece enfermo, crece sin referencias. Por eso es necesario buscar, como una exigencia humana, el diálogo entre generaciones. Y este diálogo es importante precisamente entre los abuelos y nietos, que son los dos extremos.[16]

La memoria de los ancianos transmite a las nuevas generaciones la riqueza de una vida vivida: un sentido histórico.

De la gratuidad y la memoria nos pasamos a la experiencia. El documento al que referimos especialmente en este apartado del artículo dice que la experiencia como carisma de la vejez, parece haber sido reemplazada por la utilidad de la ciencia y de la técnica, estableciendo una barrera cultural, desanimando a las personas ancianas porque se piensa que no tienen nada que decir ni compartir.[17] Por el contrario, gracias a la experiencia de la vida de las personas ancianas se puede percibir aquello que no va bien, que está desajustado, que es corrupto… El Santo Padre Francisco resalta de algún modo esta experiencia de los ancianos diciendo:

> La vejez está en condiciones de captar el engaño de esta normalización de una vida obsesionada por el disfrute y vacía de interioridad: vida sin pensamiento, sin sacrificio, sin inte-

---

[16]   Audiencia del 2 de marzo de 2022.

[17]   Cfr. "La dignidad del anciano…".

rioridad, sin belleza, sin verdad, sin justicia, sin amor: esto es corrupción. La sensibilidad especial de nosotros los ancianos, de la edad anciana por las atenciones, los pensamientos y los afectos que nos hacen más humanos, debería volver a ser una vocación para muchos. Y será una elección de amor de los ancianos hacia las nuevas generaciones.[18]

Sobre los otros dos carismas que cita el documento, la interdependencia y la visión más completa de la vida, refiere que el primero se ve sometido por el individualismo y el protagonismo que llevan a los ancianos a protestar contra la sociedad en la que los débiles se dejan abandonados a sí mismos, a su suerte. Sería necesario restablecer la red de las relaciones interpersonales y sociales.[19] Resultan iluminadoras las palabras de Benedicto XVI en cuanto a la interdependencia generacional: "No puede existir verdadero crecimiento humano y educación sin un contacto fecundo con los ancianos, porque su existencia misma es como un libro abierto en el que las jóvenes generaciones pueden encontrar preciosas indicaciones para el camino de la vida".[20]

Sobre el segundo carisma, que ayuda a combatir la vida desordenada, tan frecuentemente dominada por las neurosis, y nos centra en las interrogantes fundamentales sobre la vida: vocación, dignidad, destino del hombre. Escribe así el documento: "Los valores afectivos, morales y religiosos que viven los ancianos constituyen un recurso indispensable para el equilibrio de las sociedades, de las familias, de las personas [...]. El anciano capta muy bien la superioridad del 'ser' respecto al 'hacer' y al 'tener'".[21]

---

[18] Audiencia del 16 de marzo de 2022.

[19] Cfr. "La dignidad del anciano…".

[20] Benedicto XVI, Visita a la casa-familia "Viva los Ancianos" de la comunidad de San Egidio, 12 de noviembre de 2012.

[21] Cfr. "La dignidad del anciano…".

La visión más completa de la vida también se refiere a vivir la esperanza teologal, esperando mirar el rostro de Dios (cfr. Sal, 41). A propósito de esta visión completa de la vida como carisma de los ancianos, el papa Francisco señala que tenemos una necesidad "de una vejez dotada de sentidos espirituales vivos capaz de reconocer los signos de Dios".[22] Esos sentidos son iluminados por el Espíritu Santo. El papa Francisco reconoce con humildad y realismo que

> la vejez debilita, de una manera y otra, la sensibilidad del cuerpo: uno es más ciego, otro más sordo… sin embargo, una vejez que se ha ejercitado en la espera de la visita del Dios no perderá su paso: es más, estará también más preparada a acogerla, tendrá más sensibilidad para acoger al Señor cuando pasa. Recordemos que una actitud del cristiano es estar atento a las visitas del Señor, porque el Señor pasa en nuestra vida con las inspiraciones, con la invitación a ser mejores.[23]

Por lo tanto, los carismas de la gratuidad, la memoria, la experiencia, la interdependencia y la visión más amplia de la vida son luces para que la humanidad pueda centrarse sobre el elemento fundante de la realidad: el amor en comunión, la relacionalidad interpersonal y la apertura a la trascendencia.

6.3. Algunas consideraciones del magisterio de los últimos tres pontífices

San Juan Pablo II, Benedicto XVI y Francisco han sido los Papas que hemos tenido en el siglo xxi, de ellos hemos aprendido a tener una mejor relación con Dios y con los demás. Es cierto que en el recorrido

---

[22] Audiencia, 30 de marzo de 2022.

[23] *Idem.*

de este artículo hemos citado su magisterio, pero en este apartado queremos resaltar algunas ideas que consideramos clave para posibles acciones pastorales en las comunidades.

6.3.1. San Juan Pablo II

En octubre de 1999, san Juan Pablo II escribe una carta a los ancianos. De entre toda la riqueza que se encuentra en esa carta, hemos considerado cuatro elementos que ayudan a nuestra reflexión. Todos ellos se encuentran en el numeral 10 de la carta. El primero es "recuperar", pero ¿qué es lo que se tiene que recuperar? Dice san Juan Pablo II que hay una urgencia en recuperar "una adecuada perspectiva desde la cual se ha de considerar la vida en su conjunto. Esta perspectiva es la eternidad, de la cual la vida es una preparación, significativa en cada una de sus fases".[24] Si bien se busca una adecuada perspectiva para considerar la vida en su conjunto, es cierto entonces que, quienes son los facilitadores adecuados, son los ancianos que viven por la gracia de Dios la última etapa de vida que prepara a la contemplación de la gloria.

El segundo elemento que nos regala el Papa polaco es el de la misión de las personas ancianas. Dice lo siguiente: "También la ancianidad tiene una misión que cumplir en el proceso de progresiva madurez del ser humano en camino hacia la eternidad",[25] la misión de acompañar a las generaciones para depositar sus experiencias y aprendizajes. Una misión de la que toda la sociedad se beneficia.

Avanzamos un poco más para llegar al tercero de los elementos. Ser depositarios. Dice el Papa: "Ellos son depositarios de la memoria colectiva".[26] En ellos de alguna manera se aglutina el bagaje humano y humanizante, moral y moralizante, revelado y revelador.

---

[24] Juan Pablo II, "Carta a los ancianos", 1 de octubre de 1999.

[25] *Idem.*

[26] *Idem.*

En ellos podríamos ir buscando la verdad de lo que Dios nos revela sobre nosotros. Si recordamos las palabras del Levítico: "Te levantarás delante del anciano, y serás respetuoso con las personas de edad. Así temerás a tu Dios. Yo soy el Señor" (Lev. 19, 32), nos hacen pensar que, en ellos, los ancianos, Dios también da a conocer su Voluntad.

Y, por último, el cuarto elemento es el de "intérpretes". Pero, ¿qué interpretan? Dice san Juan Pablo II: "Intérpretes privilegiados del conjunto de ideales y valores comunes que rigen y guían la convivencia social. Excluirlos es como rechazar el pasado, en el cual hunde sus raíces el presente, en nombre de una modernidad sin memoria",[27] al interpretar el conjunto de ideales y valores comunes, hemos de proponer no sólo "mantenerlos" de una manera pasiva en la Iglesia y en la sociedad, sino de crear los espacios para escuchar su voz y dejarnos acompañar por ellos.

6.3.2. Benedicto XVI

Del magisterio del papa Benedicto resaltaremos dos partes de dos textos. Uno es el mensaje que dio a la casa-familia de la comunidad de San Egidio en 2012, y la otra parte se tomará de su homilía al inicio del ministerio Petrino en 2005.

En la homilía al inicio de su pontificado, Benedicto XVI ha dicho al mundo, apenas comenzado el siglo XXI:

> Mediante la solidaridad entre jóvenes y ancianos, ha ayudado a que se comprenda que la Iglesia es efectivamente familia de todas las generaciones, donde cada uno debe sentirse "en casa" y donde no reina la lógica del beneficio y el tener, sino la de la gratuidad y el amor. Cuando la vida se vuelve frágil, en los años de la vejez, jamás pierde su valor y dignidad: cada uno de nosotros, en cualquier etapa de la existencia, es querido,

---

[27] *Idem.*

amado por Dios, cada uno es importante y necesario. La solidaridad crea familia y un ambiente de comunión.[28]

La solidaridad intergeneracional crea un ambiente de hogar, donde ninguno es extraño ni incómodo. Por el contrario, al sabernos amados por Dios, buscamos establecer relaciones que lo reflejen. Entre los ancianos y los jóvenes esa relación es posible, es necesaria. Benedicto XVI ha sabido señalar que donde no hay solidaridad, entonces impera una lógica contraria al amor y facilitadora del descarte.

Conviene pensar que, al leer de los Papas, sus reflexiones sobre la ancianidad, no podemos olvidarnos que ellos mismos son ancianos. Esto es un tesoro enorme, ya que uno de los lugares de donde ellos escriben es su propia experiencia. En el segundo texto de Benedicto XVI, donde es evidente su fascinación por la edad anciana, dice:

¡Es bello ser anciano! En cada edad es necesario saber descubrir la presencia y la bendición del Señor y las riquezas que aquella contiene. ¡Jamás hay que dejarse atrapar por la tristeza! Hemos recibido el don de una vida larga. Vivir es bello también a nuestra edad, a pesar de algún «achaque» y limitación. Que en nuestro rostro esté siempre la alegría de sentirnos amados por Dios, y no la tristeza.[29]

La lógica de este escrito es la de la cruz. No descarta el sufrimiento, sino que lo abraza y descubre en él una belleza de procedencia divina. Esto es completamente contrario, como ya hemos dicho, a la lógica del mundo relativista, hedonista y materialista.

---

[28] Cfr. Benedicto XVI, "Homilía en el inicio del ministerio Petrino", 24 de abril de 2005.
[29] Benedicto XVI, Visita a la casa-familia "Viva los Ancianos"...

6.3.3. Francisco

Es importante resaltar que el papa Francisco, en el año 2021, ha querido instituir en la Iglesia universal y celebrar una jornada mundial de los abuelos y de los mayores, como primer fruto, según dice el cardenal Kevin O'Farrell, del año de la familia *Amoris Laetitiae*. Esta celebración tiene lugar el cuarto domingo de julio, fecha próxima a la memoria litúrgica de los santos Joaquín y Ana, padres de la Virgen María. Hasta ahora han sido cuatro jornadas que han tratado temas distintos. A saber:

1. Yo estoy contigo todos los días.
2. En la vejez seguirán dando fruto.
3. Su misericordia se extiende de generación en generación.
4. En la vejez no me abandones (cfr. Sal 71, 9).

Después de que Su Santidad Francisco proclamara la jornada mundial de los abuelos y de los adultos mayores, ha querido iniciar un ciclo de catequesis dedicado a la ancianidad. Este ciclo tuvo lugar del 23 de febrero al 24 de agosto de 2022, el cual contiene 18 catequesis.

Hemos citado ya en este artículo algunas ideas sustanciales del papa Francisco. En este apartado sólo señalaremos dos: atender la soledad y prepararse para la despedida. Estas dos las podemos considerar como guías para la acción pastoral.

La primera de las ideas es sobre la soledad. Dice el Papa:

Con mucha frecuencia la soledad es la amarga compañera de la vida de los que como nosotros son mayores y abuelos [...]. Las causas de esa soledad son múltiples. En muchos países, sobre todo en los más pobres, los ancianos están solos porque sus hijos se han visto obligados a emigrar. Pienso también en las numerosas situaciones de conflicto; cuántos ancianos se quedan solos porque los hombres –jóvenes y adultos– han sido llamados a combatir y las mujeres, sobre todo las madres con niños pequeños, dejan el país para dar seguridad a los hijos. En las ciudades y en los pueblos devastados por la guerra, muchas personas mayores se quedan solas, como únicos signos de vida en zonas donde parece reinar el abandono y la muerte. En otras partes del mundo, además, existe una falsa creencia, muy enraizada en algunas culturas locales, que genera hostilidad respecto a los ancianos, acusados de recurrir a la brujería para quitar energías vitales a los jóvenes; de modo que, en caso de que una muerte prematura, una enfermedad o una suerte adversa afecte a un joven, la culpa recae sobre algún anciano. Esta mentalidad se debe combatir y erradicar. Es uno de esos prejuicios infundados, de los que la fe cristiana nos ha liberado, que alimenta persistentes conflictos generacionales entre jóvenes y ancianos (cfr. Sal. 71, 9).[30]

Menciona el Papa algunas causas que conllevan a la soledad, sobre todo, de los ancianos. El mensaje cristiano, el *kerigma*, rompe con todas estas causas (guerra, hostilidad, brujería, etcétera) de la soledad. Es necesario volver a ese mensaje. Sólo Cristo nos libera de cualquier opresión y esclavitud. La soledad es una de ellas. Si nos preocupamos por tener la base de nuestra pastoral el *kerigma*, entonces buscaríamos los espacios para incluir a todos en la acción de la caridad, en el aprendizaje del mensaje y en la celebración de los sacramentos. Que el Papa resalte la soledad de los ancianos para la jornada de este año, es un grito a la solidaridad y al acompañamiento de todos estos, nuestros abuelos.

La siguiente idea que hemos elegido del magisterio del papa Francisco tiene que ver con la preparación para el cielo, la síntesis de

---

[30] Francisco, "Mensaje para la IV jornada mundial de los abuelos y de los mayores, 'En la vejez no me abandones'".

la vida y la mirada a lo esencial de la vida. En la última de las catequesis sobre el ciclo de la ancianidad, resaltaba el Papa lo siguiente:

> En nuestra vejez, queridos amigos, y me dirijo a los "viejos" y a las "viejitas", en nuestra vejez se agudiza la importancia de tantos "detalles" de los que se compone la vida: una caricia, una sonrisa, un gesto, un trabajo apreciado, una sorpresa inesperada, una alegría hospitalaria, un vínculo fiel. Lo esencial de la vida, lo que más apreciamos al acercarnos a la despedida, se nos hace definitivamente claro. Pues bien, esta sabiduría de la vejez es el lugar de nuestra gestación, que ilumina la vida de los niños, de los jóvenes, los adultos y de toda la comunidad.[31]

Una pastoral que se fije de manera auténtica en esos detalles últimos o escatológicos, hará presente de una manera más prístina la comunión de los santos en la propia comunidad. Acompañar a los ancianos en la última etapa es garantizar la intercesión de sus almas orantes y, sobre todo, es crecer y permanecer en el amor de caridad (cfr. 1 Jn 4, 16; Lv 19, 18; Mc 12, 29-31; 1 Co, 13). Una pastoral así no sería sólo para que los ancianos recibieran estos detalles últimos, sino para que enseñaran el valor de los detalles entrando estrechamente en relación con los fieles de la comunidad. Si bien es cierto que muchas veces a causa de la disminución de sus fuerzas, de sus enfermedades y de sus imposibilidades, ya no pueden acudir al templo parroquial, también es cierto que la comunidad parroquial puede acudir donde ellos están para que se atiendan mutuamente, y así ganar para la sociedad una verdadera autoridad que nace del amor de donación.

---

[31] Francisco, audiencia del 24 de agosto de 2022.

Conclusión

En este artículo hemos recorrido paulatinamente los elementos de la dignidad de la persona que nos presenta el "Dicasterio de la Doctrina de la fe", en un documento reciente, *Dignitas Infinita*. Estos elementos de la dignidad son cuatro: ontológico, moral, social y existencial. En cada uno de ellos detuvimos la mirada un poco para poder resaltar los aspectos que conciernen a la edad de vejez, siempre acompañados por la luz y la fuerza de la reflexión de los Papas.

El segundo paso que dimos fue el de fijarnos en los carismas de la vejez. Esto basándonos en un documento del entonces *Pontificium Consilium Pro Laici* del año 1998 y compartiendo de manera alternada con algunos comentarios y reflexiones de los últimos tres pontífices.

Por último, hemos querido matizar un poco más las ideas sobre las personas ancianas del magisterio pontificio del siglo XXI. En este apartado hemos sugerido algunas ideas clave de cada uno de los tres pontífices de este siglo, con el fin de desarrollar una pastoral para las personas ancianas más adecuadas. Nos ha parecido que la reflexión de estos pontífices ancianos parte desde la experiencia de sus corazones para iluminar con verdad y sencillez las estructuras en las que caminamos como Iglesia, ya sea la Conferencia Episcopal, la diócesis, la vicaría, el decanato, la parroquia, los carismas y cada grupo que integra una comunidad eclesial.

En estas líneas conclusivas vale la pena referirnos a la pastoral de los ancianos que algunas arquidiócesis en nuestro país se esfuerzan por llevar adelante. Sólo mencionaremos algunos aspectos de dos iglesias locales, sabiendo que existe de alguna manera, incipiente o no, la pastoral para las personas ancianas en el resto de las iglesias locales.

El objetivo que se presenta en la Arquidiócesis de Guadalajara es el siguiente: evangelizar al adulto mayor en la última etapa del arco de la vida. El objetivo de esta dimensión pastoral motiva, impulsa y acompaña la acción pastoral del adulto mayor para hacer de él, el acervo del pasado, testimonio vivo del presente y proyección sabia del futuro. La dimensión tiene cuatro áreas proyectadas para el adulto mayor: animación, formación, asistencia social y evangelización.

Cada área desempeña diversas actividades. *Animación*: tiene a su cargo la logística, promoción y difusión de los eventos que se tienen planteados. *Formación*: se pretende formar a los facilitadores y coordinadores de los distintos grupos en conjunto con la Sección Diocesana de Evangelización y Catequesis (Sedec). *Asistencia social*: se organiza para llevar a las comunidades parroquiales el "asilo en salida" (acompañamiento humano, espiritual, por parte de los vecinos; es decir, hacer una red de vecinos), en sinergia con algunos otros movimientos eclesiales y, así, ir previendo acciones de atención en primera línea para los adultos mayores, incluso médicas. *Evangelización*: se proyecta la elaboración de materiales formativos para vivir mejor los tiempos litúrgicos.

La segunda iglesia local, la Arquidiócesis de México, presenta un modelo de pastoral específica con seis aspectos: acoger/integrar (salir al encuentro); acompañar (valorar/entender/sanar); reiniciación cristiana (discernimiento y reencuentro con Cristo); formación (conversión a adhesión a Cristo); maduración espiritual (cultivar la relación con Dios); compromiso y testimonio (ser discípulo misionero).

Este modelo ha delineado cuatro objetivos específicos: adultos y familias acogidos, escuchados y acompañados; adultos y familia evangelizados de manera integral; adultos y familia con vida de gracia; adultos y familia comprometidos con el Evangelio y la sociedad.

Esperamos que el recorrido de esta reflexión pueda llevarnos a concluir que en verdad existe y es evidente la mirada de la Iglesia sobre los ancianos, esa mirada nos lleva a contemplar la sabiduría y la belleza de la vida.

Me gustaría concluir el artículo citando nuevamente al papa Francisco:

Pero somos viejos, ¿qué más tenemos que ver? Lo mejor, porque lo mejor de la vida está aún por llegar. Esperamos esta plenitud de vida que nos espera a todos, cuando el Señor nos llame. Que la Madre del Señor y nuestra Madre, que nos ha precedido al Cielo, nos devuelva el estremecimiento de la espera, porque no es una espera anestesiada, no es una espera aburrida, no, es una espera con estremecimiento.[32]

---

[32] Francisco, audiencia del 24 de agosto de 2022.

Referencias

Benedicto XVI, "Homilía en el inicio del ministerio Petrino", 24 de abril de 2005.

"Dicasterio para la Doctrina de la fe: *Dignitas infinita*", Santa Sede, 2024. Disponible en <Declaración del Dicasterio para la Doctrina de la Fe "Dignitas infinita sobre la dignidad humana (vatican.va)>.

Francisco, "Mensaje para la IV jornada mundial de los abuelos y de los mayores, 'En la vejez no me abandones'".

Juan Pablo II, "Carta a los ancianos", 1 de octubre de 1999.

Juan Pablo II, "Discurso a la III Conferencia General del Episcopado Latinoamericano", 28 de enero de 1979.

"La dignidad del anciano y su misión en el mundo", Consejo Pontificio para los Laicos, octubre de 1998. Disponible en < La dignidad del anciano y su misión en la Iglesia y en el mundo (laicos.va)>.

Proyecto Global de Pastoral (PGP 2031-2033). Disponible en <https://pgp.org.mx/proyecto-global-de-pastoral/>

Rossetti, C. L., "Clave conceptual: gratuidad", *Catholic.net*. Disponible en <https://es.catholic.net/op/articulos/42845/cat/414/clave-conceptual-gratuidad.html#modal>. Consultado el 14 de junio de 2024.

Electrónicas

a) https://www.vatican.va/roman_curia/pontifical_councils/laity/documents/rc_pc_laity_doc_05021999_older-people_sp.html
b) https://press.vatican.va/content/salastampa/es/bollettino/pubblico/2024/04/08/080424c.html
c) https://www.laityfamilylife.va/content/laityfamilylife/es/amoris-laetitia/iniziative-e-risorse/giornata-mondiale-e-anziani.html#:~:text=El%20domingo%2024%20de%20julio,es%20%22En%20la%20.

d) https://www.vatican.va/content/benedict-xvi/es/speeches/2010/september/documents/hf_ben-xvi_spe_20100918_st-peter-residence.html

e) https://www.vatican.va/content/benedict-xvi/es/speeches/2012/november/documents/hf_ben-xvi_spe_20121112_viva-anziani.html

f) https://www.vatican.va/content/john-paul-ii/es/letters/1999/documents/hf_jp-ii_let_01101999_elderly.html

g) catequesis ancianidad cuadernillo imprimir.pdf

h) https://www.vaticannews.va/es/vaticano/news/2024-05/caccia-en-la-onu-que-los-ancianos-no-caigan-en-la-desesperacion.html

i) https://www.vaticannews.va/es/papa/news/2024-05/papa-parroquia-de-roma-san-giuseppe-al-trionfale-ancianos.html

j) https://www.vaticannews.va/es/papa/news/2024-05/papa-mensaje-jornada-mundial-abuelos-ancianos-2024.html

k) https://www.vaticannews.va/es/papa/news/2024-05/papa-mesa-redonda-ninez-fraternidad-humana-be-human.html

l) https://www.vaticannews.va/es/papa/news/2024-05/papa-homilia-visperas-ascension-convocatoria-jubileo-2025.html

m) https://www.vaticannews.va/es/papa/news/2024-04/papa-francisco-ancianos-abuelos-nietos-vivan-juntos-amor.html

n) https://www.vaticannews.va/es/papa/news/2024-04/papa-encuentro-nacional-accion-catolica-italiana-abrazo-discurso.html

o) https://www.vaticannews.va/es/vaticano/news/2023-08/religiones-abrahamicas-firman-declaracion-a-favor-de-ancianos.html

p) https://www.vaticannews.va/es/papa/news/2023-07/papa-jornada-mundial-abuelos-mayores.html

VII

Revisión del Informe Nacional sobre la aplicación del Plan de Acción Internacional de Madrid sobre el Envejecimiento, Panamá 2021[1]

Argénida Cecilia de Barrios

Presentación

La vida de las sociedades contemporáneas, tanto en Occidente como en Oriente, está marcada por el incremento de la esperanza de vida y la disminución de la tasa de natalidad. Una de las consecuencias derivadas de esta dinámica es la tendencia al aumento de la población que tiene más de 60 años, lo que representa un incremento significativo en relación con los otros sectores etarios. La sociedad mexicana no está exenta de desarrollarse en esa misma dirección. Las estadísticas indican que en 2030 el grupo de las personas mayores llegará a representar 15%, y en 2050 alrededor de 23 por ciento.

---

[1] Informe Nacional sobre la aplicación del Plan de Acción Internacional de Madrid sobre Envejecimiento, Panamá, 30 de noviembre de 2021. Disponible en <UNFPA Panamá | Informe Nacional sobre la aplicación del Plan de Acción Internacional de Madrid sobre Envejecimiento>.

El desplazamiento de la sociedad hacia la longevidad conlleva reestructuraciones profundas en toda la sociedad y, con ella, también en la familia pues

> los ancianos son un elemento de cohesión social, la longevidad de la población incide en las dinámicas del mercado laboral y de seguridad social, así como en la composición de la fuerza de trabajo, el aumento de la población envejecida determina una demanda de bienes específicos y servicios especializados que de otro modo no se requerirían.[2]

Con el fin de prestar atención al modo en que estas modificaciones sociales inciden en la vida de las familias panameñas y en los desafíos que plantearán en términos sociales y políticos, este reporte presentará datos estadísticos y análisis sobre el Informe Nacional sobre la aplicación del Plan de Acción Internacional de Madrid sobre el Envejecimiento, Panamá 2021. Con ello, el reporte será un recurso orientador en la atención a los desafíos que conlleva tal reconfiguración social. Se pretende que el reporte ofrezca datos y reflexiones significativos para quienes evalúan y aplican políticas públicas sobre el tema.

Objetivo

Recoger y presentar contenido ordenado, claro y actualizado al igual que estadísticas sobre diversas aristas del fenómeno de envejecimiento poblacional en Panamá.

Metodología

Se realizará una revisión de los indicadores, acciones, supuestos, estadísticas y avances expuestos en el Informe Nacional sobre la aplicación

---

[2] *Idem.*

del Plan de Acción Internacional de Madrid sobre el Envejecimiento, Panamá 2021, que cuenta con la información más actualizada sobre las diversas aristas entorno a los adultos mayores.

Propuesta de plan de trabajo

El Estado panameño ha realizado esfuerzos para atender los compromisos derivados del Plan de Acción de Madrid (2002), en el último quinquenio (2017-2021). Este interés se traduce en lograr que este sector de la población tenga acceso a los servicios articulados, coordinados y de calidad de salud integral, trabajo, educación, cultura, recreación, seguridad social, entre otros. Además, implica eliminar las brechas y los obstáculos jurídicos, políticos, económicos, sociales, ambientales, culturales y de cualquier orden que impidan el ejercicio pleno de sus derechos para alcanzar su pleno bienestar.

La Agenda 2030 para el Desarrollo Sostenible es el principal marco de referencia para las intervenciones del Estado, a través de las diferentes instancias relacionadas con las estrategias y prioridades de desarrollo nacional. La administración gubernamental 2019-2024 se ha planteado cumplir con la inclusión social y mejorar la calidad de vida; para lograr la reducción de la pobreza y pobreza extrema a través de la implementación del Plan Estratégico de Gobierno (PEG) 2020-2024, que incluye a la población de personas mayores, para no dejar a nadie atrás.

No obstante, es oportuno destacar la necesidad de que dichos planes visibilicen e incorporen de manera taxativa o categórica a la población mayor, que permita identificar los derechos y necesidades que experimentan los diversos grupos que forman parte de este sector y proveer una plataforma de servicios considerando las vejeces. El país adoptó mediante Decreto Ejecutivo 63 del 26 de junio de 2017, el Índice de Pobreza Multidimensional (IPM-C), el cual fue modificado por el Decreto Ejecutivo 367 de 30 de septiembre de 2020, con la finalidad de identificar, a partir de la evidencia disponible, las principales carencias o privaciones no monetarias que ocurren de manera simultánea y afectan directamente las condiciones de vida de la población panameña distribuida en los corregimientos del país, lo cual permite una mejor focalización geográfica de la pobreza en todas sus dimensiones. Todos estos temas se mantienen vigentes e incluyen las necesidades de los distintos sectores y de las personas mayores, como destinatarios y actores clave mediante acciones articuladas y coordinadas.

7.1. Horizonte demográfico en Panamá

7.1.1. Indicadores demográficos actuales y proyecciones

El gobierno suspendió el Censo XII de Población y VIII de Vivienda de 2020 debido a la crisis sanitaria de la pandemia, hecho que lleva a las autoridades del país a monitorear y definir los nuevos procesos con el uso de plataformas tecnológicas para su realización en el año 2022. En vista de lo anterior se utilizó la información correspondiente a las proyecciones y estimaciones elaboradas por el Instituto Nacional de Estadística y Censo (INEC) basadas en el censo de 2010, datos de la Encuesta de Propósitos Múltiples de 2019 y la Encuesta de Mercado Laboral de marzo 2019.

La República de Panamá está dividida en 10 provincias, siete comarcas indígenas, 81 distritos y 681 corregimientos; cuenta con una población de 4 337 406 habitantes, estimada al 1 de julio de 2021; de los cuales el 50.1% son hombres y 49.9% mujeres. Una estructura que refleja una leve diferencia entre ambos sexos, es decir, que hay más hombres que mujeres en el país. Al revisar la estructura por edades de su población, se puede observar que el 12.8% (554 839) *tiene 60 años y más*, de éstos 47.1% (261 591) son hombres y el 52.9% (293 248) mujeres; indicador importante para diseñar las políticas, planes y programas (véase gráfica 7.1).

Gráfica 7.1. Estimación de la población total de la República
de Panamá al 1 de julio de 2021

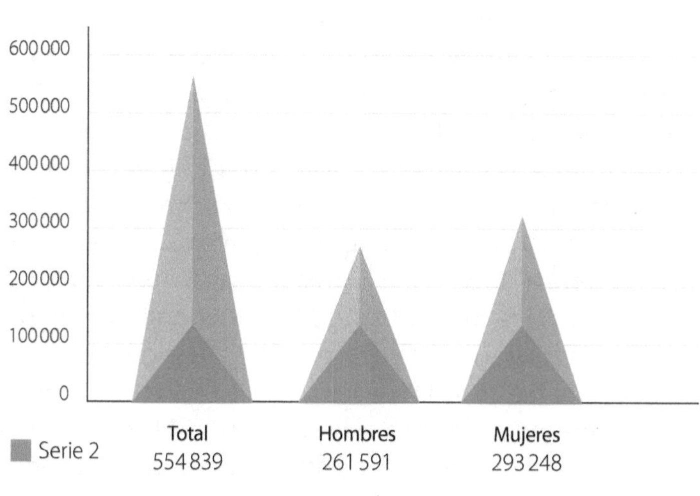

Fuente: INEC.

La esperanza de vida en Panamá se situó en 78.7 años para toda la población en 2020: en el caso de los hombres es 75.8 años y 81.7 años para las mujeres. Para este mismo año se proyectó que la esperanza de vida a los 60 años era de 24.6 años a nivel de esta población; siendo para los hombres de 23.3 años y de 26.1 para las mujeres, calculándose en 25.5 años para este segmento de la población entre 2025 y 2030. El índice de longevidad para 2010 fue de 104.30, mientras que para 2020 y 2025 se calculó en 116.97 y 120.81.

La información disponible muestra que para 2020 el indicador de dependencia total ha ido descendiendo a través del tiempo, situándose en 52.5 personas en edades dependientes por cada 100 en edades activas, en donde la relación de dependencia juvenil presentó un descenso más rápido que la relación de dependencia que es de 34.7. En tanto, la relación de dependencia en la vejez sigue aumentado de forma progresiva, siendo para este mismo año de 33.6 por cada 100 personas en edad activa. Hacia 2050 la relación de dependencia se proyecta en 59.5 con 22.8 de la parte juvenil y 100.8 correspondiente a la relación de dependencia en la vejez; dato que es fundamental para la definición de programas y servicios.

Las estadísticas del año 2017 indican que de un total de 8 738 personas mayores entre 75 y más años representan el 44.9% de fallecidos, de los cuales el 40.2% fueron hombres; siendo las tres principales causas de muerte los tumores malignos (1 125), enfermedades cardiovasculares (1 096) y las enfermedades isquémicas del corazón (962). Mientras en 2020, según cifras preliminares, se incrementó el número de muertes (11 330). Es importante resaltar que la principal causa de muerte fue por la covid-19 con 1 924 defunciones, los tumores 1 294, y enfermedades isquémicas del corazón 1 191; significando que el total de fallecidos fue de 45.0%, y de éstos el 41.4% eran hombres.

Cabe indicar, que en el grupo de 65 a 74 años ascendió a 4 705 muertes, siendo la covid-19 la principal causa para este grupo que ascendió a 1 220 fallecimientos, seguido de 836 por tumores malignos y 464 por diabetes mellitus. Estos datos son indicadores de la necesidad de fortalecer programas a nivel de prevención y atención dirigidos a mejorar los hábitos alimentarios, atender el sobrepeso, incrementar el autocuidado, y para disminuir los contagios producidos por el virus del coronavirus. El 70.2% de la población mayor de 60 años reside en áreas urbanas. La población panameña de personas mayores tiende a feminizarse, es decir, a medida que aumenta la edad, se incrementa la proporción de mujeres: ellas representan el 53% de personas de 60 años y más de todo el país. Como se sabe, ello se debe a la esperanza de vida, dato que no siempre coincide con la calidad que tienen estas mujeres.

7.2. Educación y envejecimiento

7.2.1. Escolaridad y brecha educativa y tecnológica

El nivel de instrucción de la población mayor panameña es mayoritariamente básico o bajo: algo más del 35% de los mayores de 60 años no tiene instrucción o únicamente cuenta con estudios primarios incompletos; mientras que algo más del 41% tiene estudios primarios completos. Alrededor del 31% de los mayores de 60 años realizó estudios secundarios completos, terciarios o universitarios. La diferencia entre los sexos no es significativa (véase tabla 7.1).

Tabla 7.1. Distribución porcentual de la población de 60 años y más por sexo y nivel de instrucción (Panamá, 2019)

Nivel de instrucción	Total	Varones	Mujeres
Población 60 años y más	621 957 100%	296 772 100%	325 185 100%
Ningún grado	9.61	8.63	10.50
Primaria incompleta	15.86	16.84	14.97
Secundaria incompleta	41.12	42.15	40.18
Secundaria completa	14.15	13.82	14.46
Terciario o universitario	16.97	16.78	17.14
Otros (vocacional y técnicos no universitario	2.28	1.77	2.75

Fuente: INEC, **Encuesta de Mercado Laboral**, 2019, Panamá, Instituto Nacional de Estadística y Censo.

7.2.2. Alfabetización integral

En Panamá se han desarrollado muchos programas y proyectos para la población adulta mayor, entre ellos está el Programa de Alfabetización Digital de Personas Mayores. La reciente pandemia de covid-19 puso en evidencia la importancia del buen manejo de las herramientas digitales para mantener comunicada de manera virtual y constante a la población mayor, evitando tanto los riesgos de contagios como su aislamiento social. Las personas mayores que cuentan con ciertas limitaciones físicas y cognitivas pueden permanecer en sus domicilios, comunicados e integrados con sus familiares y amigos a través de la tecnología digital.

Sin embargo, para disminuir las brechas generacionales en el uso de las nuevas tecnologías de la información, es preciso entrenar a las generaciones mayores que están menos familiarizadas con su uso. Por esto y más, las relaciones intergeneracionales como método de aprendizaje facilitan la socialización de los conocimientos entre las personas de las distintas edades.

A través de convenios con academias se formalizará la capacitación de las personas mayores con el uso de las nuevas tecnologías, las cuales serán impartidas por estudiantes, como parte de la exigencia para la culminación de su carrera profesional. Esta oferta se implementará en las Casas de Día y en los Centros de Atención Integral para Personas Mayores (CAIPM), donde se considera el desarrollo de programas de alfabetización digital, así como en el Ministerio de Desarrollo Social, el Ministerio de Educación, el AIG-Ministerio de Cultura, el Instituto Panameño de Deportes (Pandeportes) y el Instituto Nacional de Formación Profesional y Capacitación para el Desarrollo Humano. No pueden faltar ni la academia ni los gobiernos locales.

7.3. Salud y vejez

7.3.1. El acceso a la salud y el aumento de la esperanza de vida

Los temas de la población adulta mayor forman parte del Plan Estratégico de Gobierno (PEG) 2019-2024 y de los planes institucionales especialmente en materias de salud, social y judicial; considerando a través de los mecanismos formales e informales los aportes, necesidades, líneas estratégicas, programas y acciones para operativizar los contenidos de la Ley 36 del 2 de agosto de 2016 y el Plan Nacional del Adulto Mayor.

Dentro del PEG se incluyen 125 metas consideradas como prioritarias. De manera específica incorpora tres metas referidas a las personas mayores:

> "Crear un moderno Centro de Geriatría, al interior de las instalaciones del actual complejo hospitalario, una vez terminada la construcción de la Ciudad de la Salud (Meta 70), mantener y fortalecer el Programa 120/65, incluyendo programas oportunos de salud y bienestar, para el adulto mayor (Meta 78), implementar el programa Estamos Contigo," creando un fondo para desarrollar un plan piloto que atienda a personas mayores con enfermedades que los mantienen postrados o que no puedan valerse por sí solos, recibiendo atención domiciliaria, medicamentos, movilización y cuidados paliativos, previa evaluación socioeconómica (Meta 79).

Con el programa de vacunación masiva que se puso en marcha en enero de 2021, se lograron reducir los niveles de contagios y muertes en el país, prestando especial atención a las personas adultas mayores, incluyendo las de los CAIPM, las cuales se les han administrado a 1 484 residentes de los 74 hogares las tres dosis; mientras que siete están programados. A nivel nacional, la población de mayores de 60 años es de 554 649, a quienes se les ha aplicado un total de 1 031 028 dosis, con una cobertura del 85.35% para la primera dosis, un 88.3% de la segunda dosis y un 13.9% de los refuerzos hasta el 13 de diciembre de 2021. En este sentido, el país avanza en el proceso de vacunación de la tercera dosis a la población de 18 años en adelante, priorizando nuevamente a las personas mayores. En cuanto a la población general, para esta misma fecha se han administrado 5 685 382 dosis, impactando a 3 015 800 personas.

Durante la presentación de "La historia de la investigación en salud de personas mayores en Panamá y por qué es necesaria", la doctora Britton se centró en el Panama Aging Research Initiative (PARI, por sus siglas en inglés), un programa de investigación que inició en 2010, enfocado ampliamente en la salud de personas mayores y en el envejecimiento. La investigadora destacó que "Estudiar la salud de personas mayores con un enfoque en la prevención de las condiciones más asociadas a la edad, como el deterioro cognitivo y el Alzhéimer, tiene como objetivo proporcionar la evidencia para apoyar el desarrollo de políticas públicas para mejorar la atención de la salud pública geriátrica y reducir la carga de envejecimiento en los sistemas de salud y las personas",[3] apuntó la doctora Britton.

7.3.2. El paradigma del envejecimiento pleno

El envejecimiento de la población ha seguido patrones diferenciados en las provincias panameñas. La población de Los Santos es la más envejecida del país, seguida por las de Herrera, Veraguas, Chiriquí y Coclé. En las referidas provincias es elevado también el porcentaje de mayores de 80 años. Los valores son compatibles con emigración de población joven asociada a la disminución de la fecundidad y de la mortalidad. Por su parte, la provincia de Panamá registró indicadores de envejecimiento por debajo de la media nacional, coincidentes con la recepción de inmigrantes.

El porcentaje de personas de 80 años, estimado para el año 2021 fue de 2%, y se espera que en el año 2030 alcance el 3,%, lo cual es un indicador demográfico de interés porque señala la necesidad de programar adecuaciones en los servicios sociales y sanitarios para el apoyo a las personas mayores en situación de dependencia. Ello se

---

[3] Senacyt, "Café científico de la Senacyt aborda los avances en la investigación en salud de personas mayores en Panamá", Panamá, Secretaría Nacional de Ciencia e Innovación, 5 de mayo de 2022. Disponible en <https://www.senacyt.gob.pa/cafe-cientifico-de-la-senacyt-aborda-los-avances-en-la-investigacion-en-salud-de-personas-mayores-en-panama/>.

debe a que, en estas etapas de la transición epidemiológica, las morbilidades crónicas se concentran en las edades avanzadas, ocasionando el aumento de la prevalencia de limitaciones permanentes o discapacidades derivadas de las enfermedades físicas o cognitivas.

También podemos mencionar que existe un compromiso de abordar el envejecimiento saludable, liderado por el Ministerio de Salud (Minsa) con un enfoque intersectorial. Para esta tarea se cuenta con la Guía de Atención para el Adulto Mayor 2011, elaborada con el apoyo de la Organización Panamericana de la Salud (ops), cuya base legal se fundamenta en el Decreto Ejecutivo 175 de 27 de mayo de 2019, publicado en la *Gaceta Oficial* (28783-B), que crea la Comisión Técnica Nacional para la Promoción del Envejecimiento Saludable.

Tabla 7.2. Distribución porcentual de la población de 60 años
y más por tipo de hogar y sexo (Panamá, 2019)

Tipo de hogar			
	Total	Hombres	Mujeres
Total	621 957 100%	296 772 100%	325 185 100%
Unipersonal	13.1	14.5	11.8
Pareja sola	19.7	22.5	17.1
Nuclear hijo	20.5	22.4	18.7
Familia extensa	46.7	40.6	52.2

Tipo de hogar			
	Total	Hombres	Mujeres
Total	421 170 100%	186 853 100%	234 317 100%
Unipersonal	13.0	12.4	13.5
Pareja sola	22.9	27.3	19.4
Nuclear con hijos	21.0	23.4	19.1
Familia extensa	43.1	37.0	47.9

Fuente: inec, Encuesta de Mercado Laboral, 2019.

7.4. Economía y vejez

7.4.1. Vida laboral, ingresos, políticas de pensiones y jubilación

En 2020, según datos de la Encuesta Telefónica del Mercado Laboral del INEC, del total de personas adultas mayores con 60 años y más que son jefes de hogares particulares, el 63.5% declaró reducción de los ingresos del hogar a causa de la crisis sanitaria por la pandemia de la covid-19. En cuanto a la jefatura del hogar por sexo, el 63.6% de los hombres tuvieron una reducción de sus ingresos; por su parte, el 63.5% de las mujeres declararon disminución de los ingresos. La reducción de ingresos fue superior entre los hogares cuya jefatura estaba a cargo de una persona mayor que declaró pertenecer a la población económicamente activa (fuese ocupada o desocupada), alcanzando el 67.0%; fue más alta entre los hombres (68.8%) que entre las mujeres (61.9 por ciento).

Entre los hogares encabezados por personas mayores no económicamente activas, el 61.6% reportó una baja en sus ingresos: 59.2% entre los hombres y 64.0% entre las mujeres (el 77.4% de ellas eran inactivas). Con la aparición, a finales de 2019 del covid-19 y la ulterior declaración de su brote como pandemia global por la Organización Mundial de la Salud (OMS) a inicios de 2020, los países del mundo, incluido Panamá, tomaron medidas sanitarias de emergencia, como el cierre de fronteras, paralización de las actividades económicas no esenciales, restricciones de movilidad y cuarentenas, impactando negativamente en los indicadores mencionados en todo el país: el producto interno bruto (PIB) se redujo 17.9% y el desempleo aumentó a 18.5 por ciento.

Con la mirada puesta en el año 2022 y más adelante, el gobierno ha apostado por los siguientes motores del crecimiento económico: energía/minería; Canal de Panamá / puertos / logística; Zona Libre de Colón / otras zonas francas; turismo / transporte aéreo; actividades de esparcimiento / juegos de suerte y azar; inversión privada nacional y extranjera; demanda interna; exportaciones e inversión pública.

Tabla 7.3. Distribución porcentual de la población mayor
de 60 años según condición de actividad e inactividad económica
por sexo y grupo de edad (Panamá, 2019)

Edad Ambos sexos	Total de la población	Activa			Inactivos			
		Total activa	Ocupada	Desocupada	Total inactiva	Jubilado o pensionado	Otra situación inactividad	Inactivos que buscarán trabajo
Total 60 años y más	620760 100%	243283 39.2%	239103 38.5%	4180 0.7%	371074 59.8%	159469 25.7%	211605 34.1%	6403 1.0%
60 - 69 años	325737 100%	178345 54.8%	174376 53.5%	3969 1.2%	142265 43.7%	59294 18%	82971 25.5%	5127 1.6%
70 años y más	295023 100%	64938 22.0%	64727 21.9%	211 0.1%	228809 77.6%	100175 34.0%	128634 43.6%	1276 0.4%
Varones Total 60 años y más	291481 100%	158772 54.5%	155745 53.4%	3027 1.0%	129476 44.4%	77859 26.7%	51617 17.7%	3233 1.1%
60 - 69 años	155788 100%	112015 71.9%	109129 70.0%	2886 1.9%	41382 26.6%	27461 17.6%	13921 8.9%	2391 1.5%
70 años y más	135693 100%	46757 34.5%	46616 34.4%	141 0.1%	88094 64.9%	50398 37.1%	37696 27.8%	842 0.6%
Mujeres Total 60 años y más	329279 100%	84511 25.7%	83358 25.3%	1153 0.4%	241598 73.4%	81610 24.8%	159988 48.6%	3170 1.0%
60 - 69 años	169949 100%	66330 39.0%	65247 38.4%	1083 0.6%	100883 59.4%	31833 18.7%	69050 40.6%	2736 1.6%
70 años y más	159330 100%	18181 11.4%	18111 11.4%	70 0.0%	140715 88.3%	49777 31.2%	90938 57.1%	434 0.3%

Fuente: elaboración propia con base en INEC, Encuesta de Mercado Laboral, agosto de 2019.

7.4.2. Gasto social e implicaciones económicas

Es importante destacar ayudas específicas como: el programa de transferencia monetaria condicionada 120 a los 65, que otorga 120 balboas[4] mensuales a las personas de 65 años y más que no reciben pensión ni jubilación y se encuentran en situación de pobreza y pobreza extrema; totalizando alrededor de 889.9 millones de balboas en los últimos cinco años. También, de 2016 a 2020, el subsidio otorgado a la Caja de Seguro Social (CSS) que impacta

---

[4]   El balboa es la moneda oficial de Panamá.

a este grupo etario totalizó 2,641.7 millones de balboas. Además, directa o indirectamente, la población adulta mayor se beneficia de otros programas, a saber: Red de Oportunidades; Ángel Guardián; Fondo Solidario de Vivienda y subsidio a la tarifa eléctrica, al gas licuado y al transporte (Metrobús y Metro); programa Panamá Solidario; así como otros subsidios derivados de la ley que establece beneficios a los jubilados, pensionados y la tercera edad, panameños o extranjeros, entre otros.

7.5. Integración social de la vejez y esparcimiento

7.5.1. Diálogo intergeneracional y cohesión social

En el año 2019 se constituyó la Coordinación Nacional de Adulto Mayor (CNAM), como una instancia técnica de articulación y coordinación de programas, proyectos y servicios dirigidos a esta población, y el establecimiento de la hoja de ruta para la puesta en marcha del Plan Nacional a favor de las Personas Mayores 2022-2025,[5] con la perspectiva de la creación del Instituto Nacional del Adulto Mayor. A través de la CNAM se ha priorizado el trabajo directo con los Centros de Atención Integral para Personas Mayores (CAIPM) y lo referente a la apertura y legalización de los 77 centros que existen a nivel nacional, así como la articulación de las entidades responsables en salud, seguridad y viabilidad de dichos centros.

7.5.2. Ciudades para todos: movilidad y participación

Panamá ha desarrollado alianzas con otros países, por ejemplo, con el Servicio Nacional del Adulto Mayor de Chile y por medio de la Cooperación Sur-Sur. Fortalecimiento de procesos de investigación a

---

[5] Plan Nacional a favor de las Personas Mayores, 2022-2025, UNFPA/República de Panamá-Ministerio de Desarrollo Social. Disponible en <https://panama.unfpa.org/sites/default/files/pub-pdf/plan_nacional_am_005.pdf>.

nivel local, regional y nacional de diversas índoles, que nos permiten ampliar el marco de intervención y articular la cooperación técnica con expertos en materia de envejecimiento, a fin de conocer más ampliamente los efectos en el país y sus repercusiones sociales, políticas, culturales, económicas y ambientales.

Referencias

INEC, Encuesta de Mercado Laboral, 2019, Panamá, Instituto Nacional de Estadística y Censo.

________, Encuesta de Propósitos Múltiples, 2019, Panamá, Instituto Nacional de Estadística y Censo.

Informe Nacional sobre la aplicación del Plan de Acción Internacional de Madrid sobre Envejecimiento, Panamá, 30 de noviembre de 2021. Disponible en <UNFPA Panamá | Informe Nacional sobre la aplicación del Plan de Acción Internacional de Madrid sobre Envejecimiento>.

Plan Nacional a favor de las Personas Mayores, 2022-2025, UNFPA/República de Panamá, Ministerio de Desarrollo Social. Disponible en <https://panama.unfpa.org/sites/default/files/pub-pdf/plan_nacional_am_005.pdf>.

Senacyt, "Café científico de la Senacyt aborda los avances en la investigación en salud de personas mayores en Panamá", Panamá, Secretaría Nacional de Ciencia e Innovación, 5 de mayo de 2022. Disponible en <https://www.senacyt.gob.pa/cafe-cientifico-de-la-senacyt-aborda-los-avances-en-la-investigacion-en-salud-de-personas-mayores-en-panama/>.

Anexo

Es muy relevante revisar los avances que el Estado panameño ha realizado en los últimos años para fortalecer la institucionalidad y los derechos humanos de las personas mayores, a través de normas que buscan el desarrollo integral en temas de salud, educación y protección, entre muchas otras que dan pie y evidencia clara de la necesidad de lograr una inclusión hacia un grupo etario que ha sido muy perjudicado, como son las personas adultas mayores, por ello citamos varios avances:

- Ley 36 de 2 de agosto de 2016: "Que establece la normativa para la protección integral de los derechos de personas adultas mayores", siendo la primera normativa de protección integral a la población adulta mayor a nivel nacional; la misma recoge una serie de derechos, beneficios y obligaciones para entidades gubernamentales y no gubernamentales a fin de garantizar el ejercicio de los derechos reconocidos para esta población en la Constitución Nacional de la República de Panamá.

- Ley 7 de 14 de febrero de 2018: "Que adopta medidas para prevenir, prohibir y sancionar actos discriminatorios", consistentes en conductas de hostigamiento, discriminación en el ámbito laboral, educativo, comunitario y cualquier otro por edad, género y grupo étnico.

- Ley 7 de 14 de febrero de 2018: "Que adopta medidas para prevenir, prohibir y sancionar actos discriminatorios", consistentes en conductas de hostigamiento, discriminación en el ámbito laboral, educativo, comunitario y cualquier otro por edad, género y grupo étnico.

- Ley 114 de 18 de noviembre de 2019: "Que crea el Plan de Acción para Mejorar la Salud y dicta otras Disposiciones para Establecer el Impuesto Selectivo al Consumo de Bebidas Azucaradas y los Criterios para su Uso".

- Ley 149 de 24 de abril de 2020: "Que modifica la Ley 36 de 2016, sobre la protección integral de los derechos de las personas mayores y adiciona disposiciones al Código Penal".

- Ley 228 de 23 de junio de 2021: "Que crea el Programa Casa de Día para las Personas Adultas Mayores", ley que promueve y fortalece la autonomía e independencia de la población mayor.

- Ley 260 de 3 de diciembre de 2021: "Que crea el Programa de Atención Médica Integral Domiciliaria para Personas con Discapacidad Severa", la misma beneficiará a quienes presentan esta condición sin importar el rango de edad.

Indicadores de la población adulta mayor de 60 y más[1]

Gráfica 1. Vida libre de dificultades

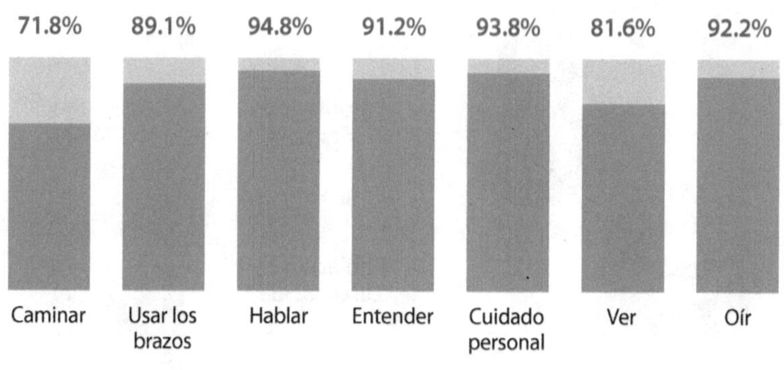

Gráfica 2. Trabajo e ingreso del adulto mayor

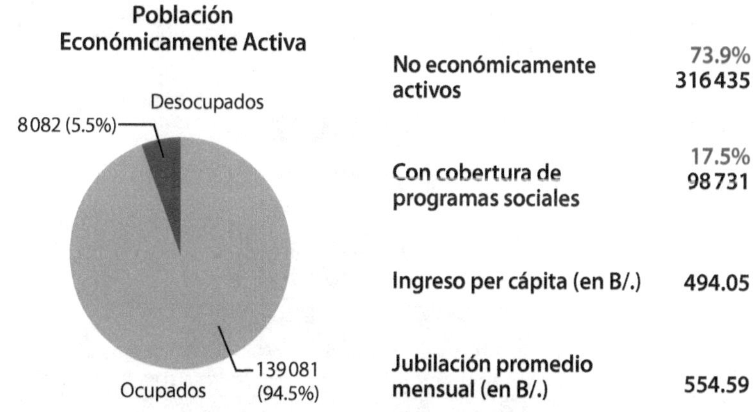

---

[1] Gráficas del INEC. Disponibles en <https://www.inec.gob.pa/DASHBOARDS/Censos/AdultoMayo>.

Tabla 1. Autorreconocimiento

Población Afrodescendiente	34.2%	**316 435**
Población Indígena	9.0%	**50 929**
Población con Discapacidad	13.1%	**73 899**

Gráfica 3. Pirámide de población

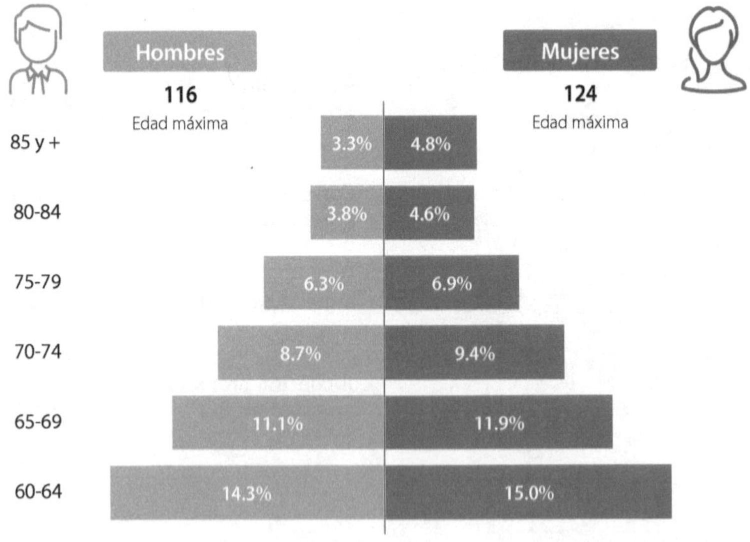

Tabla 2. Indicadores demográficos

Índice de masculinidad (*Hombres por cada 100 mujeres*)	**90.3**
Índice de envejecimiento (*Adultos mayores por cada 100 menor de 15*)	**54.6**
Relación de dependencia en la vejez	**22.8**

Gráfica 4. Seguridad social

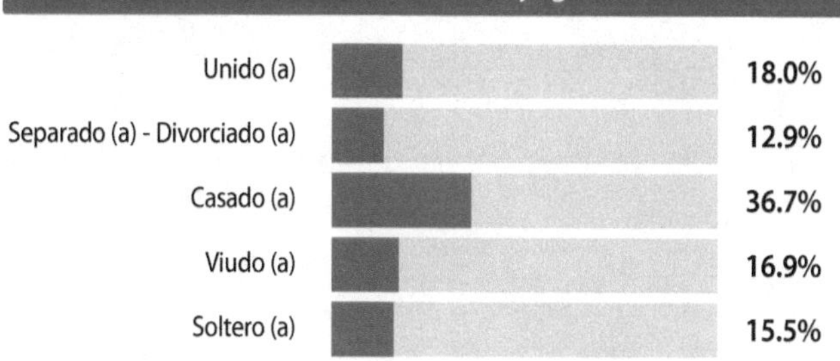

Asegurados	8.3% **46 978**	Jubilados	38.5% **217 073**
Beneficiarios	23.4% **131 926**	No tiene	26.5% **149 244**

Estado conyugal

Unido (a)	**18.0%**
Separado (a) - Divorciado (a)	**12.9%**
Casado (a)	**36.7%**
Viudo (a)	**16.9%**
Soltero (a)	**15.5%**

Graficas del INEC: https://www.inec.gob.pa/DASHBOARDS/Censos/AdultoMayo

Este libro se imprimió en la Ciudad de México,
el 1 de enero de 2025,
Solemnidad de Santa María, Madre de Dios,
en Litográfica Ingramex, S. A. de C. V.
Centeno 162-1, Granjas Esmeralda, Iztapalapa,
C. P. 09810, Ciudad de México, México

www.ingramcontent.com/pod-product-compliance
Lightning Source LLC
LaVergne TN
LVHW091502170726
843492LV00001B/301

9786075913193